Hafenstadt am „Blauen Band“ - die Magdeburger Elbschiffahrt

Das Magdeburger Schiffahrtswesen von den Anfängen bis heute

1. Auflage
Magdeburg
September 2003

verlag
DELTA-D

Mitherausgeber: Alfred Eichel
Autor: Sylvio Süßenbach

Printed in Germany

ISBN 3 - 935 831 - 13 - 7

Verlag DELTA - D Magdeburg
39122 Magdeburg • Alt Fermersleben 77
Telefon: (03 91) 4 01 10 00 • Telefax: (03 91) 4 01 05 40

Gestaltung/ Satz: Doppel D Werbeservice Magdeburg
Druck: Harzdruckerei Wernigerode GmbH

Besonders danken möchten wir Herrn Eckbert Busch für die vielen Fotos, die er uns freundlicherweise zur Verfügung stellte.

Titelbild: Gouache von W. Barth 1809 aus dem Schloß Sanssouci Potsdam, Stiftung Preussische Schlösser und Gärten Berlin-Brandenburg, Aquarellslg. 169

Rückseite: Fotos E. Busch, S. Süßenbach, R. Schoeps

Elb-Umschlagsplatz Buckau, Pfarrstraße 2a

BETRIEBSANLAGEN DER FIRMA

PAUL SIEBERT G. M. B. H. MAGDEBURG

GEGRÜNDET 1912

SCHIFFAHRT SPEDITION LAGERUNG ELBUMSCHLAG

beider Altes Fischerufer 32/35

Getreidesilo. Getreidereinigung, Mahl- und Mischanlagen Hauptbahnhof-Westseite

Vereinigte Elbeschiffahrts-Gesellschaften Aktiengesellschaft. Oesterreichische Nordwest-Dampfschifffahrts-Gesellschaft.

Direktionen in Dresden und Hamburg. — Niederlassung in Magdeburg.

Ausserdem 40 Geschäftsstellen. — 3000 Beschäftigte.

Betriebsmittel:
354 eigene Elbeschiffe
41 Seitenraddampfer
29 Kettendampfer
18 Eilfrachtdampfer
33 Schraubendampfer und Barkassen
7 Motorboote

22 schwimmende Kräne und Winden
28 feststehende Dampf-, Hand- und elektrische Kräne und Winden
162 Schuten (Leichterschiffe)
9 Pontons
27 Lager-, Werkstätt.- u. Anlegeschiffe

Gesamttragfähigkeit: **250000 To.**

15 Lagerhäuser mit allen der Neuzeit entsprechenden Einrichtungen in Hamburg, Magdeburg, Riesa, Tetschen, Bodenbach, Aussig und Prag.

Frachtgutverkehr von und nach allen Plätzen der Elbe, des Elbe-Trave-Kanals, der Saale, der märkischen Wasserstrassen u. der kanalisierten Moldau.

Eilgutverkehr
von Hamburg nach Magdeburg und umgekehrt
" " " Riesa und umgekehrt
" " " Dresden und umgekehrt
" " " Laube-Tetschen-Prag u. umgekehrt
" " " Halle und umgekehrt
" Magdeburg nach Riesa-Meissen-Dresden u. umgekehrt

Schleppdienst auf der Elbe von Hamburg, Harburg und Altona aufwärts bis Melnik, auf der kanalisierten Strecke der Moldau bis Prag, sowie auf der Saale von Barby bis Halle.

Spezial-Bierverkehr mittelst besonders dazu eingerichteter und mit maschin. Kühlvorrichtungen versehener Eilschiffe v. Laube u. Riesa nach Hamburg.

Eigener Bugsier- und Schutenbetrieb in Hamburg, Harburg, Altona und Lübeck.

Eigene Schiffswerften, Maschinenbauanstalt u. Kesselschmiede.

Auskünfte bei allen Geschäftsstellen und Vertretungen

HERMANN LOESCHE / MAGDEBURG-WERDER

EILDAMPFER MOTOR- UND KAHNSCHIFFAHRT, UMSCHLAG UND LAGERUNG

MAGDEBURG-LÜBECKER EILSCHIFFAHRTSGES. M. B. H. / MAGDEBURG U. LÜBECK

ELBE-SAALE-TRANSPORT-GESELLSCHAFT M. B. H.

SCHIFFSVERFRACHTUNGEN / UMSCHLAG / SPEDITION / LAGERUNG / VERSICHERUNG

FERNSPRECHER NR. 10399 **MAGDEBURG** ALTES FISCHERUFER 2-3

BANK-KONTO: DEUTSCHE BANK | TELEGRAMM-ADRESSE: ELBESAALE

Die Gesellschaft wurde im Jahre 1925 gegründet und befaßt sich hauptsächlich mit der Verfrachtung und dem Umschlag von Massengütern auf der Elbe, Saale und den märkischen Wasserstraßen. Das Unternehmen hat sich planmäßig entwickelt und trotz seines kurzen Bestehens erhebliche Mengen zur Abfertigung erhalten. / Infolge der fachmännischen Kenntnisse der Geschäftsführung, die seit Jahrzehnten in der Branche tätig ist und der sorgfältigen Ueberwachung des Um-

talle und andere Produkte der Montan- und Bergwerksindustrie, sowie Zucker und Getreide umgeschlagen und verfrachtet. Die Gesellschaft nimmt den Umschlag ihrer Transporte hauptsächlich an den über 800 m langen, mit 10 Kränen besetzten Umschlagsanlagen der Reichsbahn am Elbebahnhof und dem dem Magistrat der Stadt Magdeburg gehörenden Handelshafen vor. Beide Umschlagsstellen sind mit allen modernen Umschlagsvorrichtungen versehen. / Außer

Einleitung

Die Entwicklung der Stadt Magdeburg wurde jahrhundertelang durch die geographische Lage am Elbstrom geprägt. Zuerst als ottonische Kaiserpfalz sowie als Einfallstor der Deutschen in das von Slawen besiedelte Land östlich der Elbe erlangte Magdeburg schon beizeiten eine wichtige strategische Bedeutung. Später als aufblühende Hansestadt trug Magdeburg wesentlich zur Entwicklung von Handel, Gewerbe und Wissenschaft im mitteldeutschen Raum bei. Dabei spielte vor allem die Nutzbarkeit der Elbe als Verkehrsweg nach Hamburg sowie nach dem sächsisch-böhmischen Raum eine nicht unwesentliche Rolle. Als Beispiel sollen hier die Transporte sächsischen Sandsteines zur Errichtung der großen Sakralbauten und der Getreidetransport elbabwärts dienen.

Vor allem die Menge der transportierten Güter, die Sicherheit der Transporte und auch die Geschwindigkeit gaben neben den relativ geringen Kosten besonders bei talwärts gehenden Ladungen dem Schiff oft vor Pferd und Wagen den Vorzug. Aber auch für den Verkehr von Elbort zu Elbort erleichterte der Fluß den Menschen die Mühen welche jeder Landtransport in der vergangenen Jahrhunderten mit sich brachte. Kaum eine alte Magdeburger Stadtansicht kommt ohne die Darstellung eines lebhaften Schiffsverkehrs auf dem Elbstrom aus. Zuerst prägten gesegelte und getreidelte Fahrzeuge, später Dampfschiffe und dieselgetriebene Schiffe das Bild der Stadt am „Blauen Band“. Mit der Inbetriebnahme der nach Ost und West verlaufenden Kanäle nördlich der Stadt Magdeburg entstand ein für den Handel günstiges Wasserstraßennetz. Zusammen mit den anderen Verkehrsträgern entwickelte sich Magdeburg zu einem der wichtigen Verkehrsknotenpunkte in Deutschland.

An dieser Stelle sei meinem „alten“ Lehrer und ehemaligen Arbeitskollegen Franz Kohn aus Schönebeck, den Schiffsführern Helmut Würdig (Magdeburg) und Dieter Schurbaum (Jena) für die fachliche Unterstützung, meinem Arbeitskollegen Ingo Richter für das Verständnis und dem Verlag Delta-D Magdeburg für die Hilfe bei der Erstellung des vorliegenden Buches gedankt.

Sylvio Süßenbach

Von den Anfängen bis 1600

Prägend für die Entwicklung des Schiffahrtswesens auf der Elbe war die großartige Entwicklung der Stadt Magdeburg. Die Elbzollrollen von Meissen 985, von Pirna 1325 und die sehr detaillierte Einteilung der Schiffe von 1135 bezeugen einen lebhaften Schiffsverkehr auf der Elbe.

Für Magdeburg war die Aufnahme in die Hanse und die Verleihung des Stapelrechtes um 1300 von immenser Bedeutung. Hier wurden die Grundlagen geschaffen, welche der Stadt die wirtschaftliche und politische Selbständigkeit bis in das 17. Jahrhundert sicherten. Elbhandel, Elb- und Brückenzölle stellten auf Grund der geographischen Lage der Stadt eine nicht versiegende Geldquelle dar. Die Stärke der Stadt zeigte sich am deutlichsten um 1550, als Magdeburg der kaiserlichen Reichsacht trotzte und sich zu einer Hochburg der Reformation in Deutschland entwickelte.

Die heute relativ klein wirkenden Schiffe mit Tragfähigkeiten von vier bis sechs Tonnen bewegten die Frachten im Elbverkehr zwischen Hamburg und dem sächsischen Raum.
In Magdeburg wurden die Güter am linken Elbufer am Johannisförder, Jakobförder und am Petriförder umgeschlagen. Diese natürlichen Buchten dienten im gesamten Mittelalter als städtische Elbkaianlagen. Auf dem rechten Ufer, dem großen Werder finden wir die Umschlagstellen für Mühlsteine und Floßholz. Eine Straße auf dem Werder heißt heute noch „Hinter den Holzstrecken“.

Fehlende Schiffdarstellungen aus der Zeit vor der Erfindung des Buchdruckes erschweren uns heute die Beurteilung der Leistungen der Schiffahrt und des Schiffbaues in unserer Region. Weiterhelfende Beurteilungen ergeben sich aus der Analyse meist nordischer Schiffsfunde. In deren Ergebnis sich das Elbeschiff des Mittelalters als flachbodiges Schiff ohne Kiel mit geringer Bordhöhe und einem Mast darstellt. Die Fortbewegung erfolgte mit unterschiedlichen Segeltypen. Bei Windstille wurden die Schiffe in der Bergfahrt getreidelt.

Bei kleinen Wasserständen stellte der Elbstrom für die Schiffer ein großes Hindernis dar. Inseln und Sandbänke, die sich nach jedem Hochwasser veränderten, mußten unter Führung von ortskundigen Lotsen umschifft werden. Um sich ein etwaiges Bild vom Zustand des unregulierten Elblaufes zu machen, ist es angeraten, sich die „Alte Elbe“ im Magdeburger Stadtgebiet bei Niedrigwasser anzuschauen.

Nicht die Wikinger, sondern die Sachsen legen hier vor den Toren der Stadt an. Wenn auch fiktiv, die Bauart könnte bei großen Flußschiffen des 9. bis 11. Jahrhunderts ähnlich ausgesehen haben. (aus: Die Hohenzollern-Legende, Max Maurenbrecher, Verlag Vorwärts, 1907)

1. Gesegelte und geschleppte Elbschiffe des Mittelalters

Seit dem Mittelalter wurden die Schiffe entlang der Elbe als flachbodige Fahrzeuge gebaut. Sie waren sehr praktisch für die geringe Tiefe der Elbe und für das Anlegen auch an unbefestigten Ufern. Für den Schiffsboden verwendete man Tannen-, Fichten- oder Lärchenholz. Kiefer wurde nicht verwendet, da sich diese Holzart auf Dauer als wasserdurchlässig erwiesen hatte. Der Boden dieser Schiffe war an Bug und Heck leicht angehoben, um bei Auflaufen auf Sandbänke nicht zu festzufahren bzw. leichter darüber weg zu rutschen. Die Bodenplanken waren durch Querbalken, den sogenannten Bodenwrangen verbunden. Schiffbauer und Schiffer an der Elbe bezeichneten diese als Bänke. Auf den Bänken wurde der eigentliche Ladeboden aufgebracht.

Um die Bordwände anzubringen, wurden auf den Schiffsboden die Spanten aufgesetzt. Diese Spanten gaben entsprechend Ihrer Form dem Schiff das entsprechende Aussehen und Widerstandswerte. Früher wurden sie aufgrund ihrer Form auch als Knie oder Hammelbeine bezeichnet. Die Bordwände bestanden aus verschiedenen Gängen. Zuunterst kam das Unterbord auch Brunne oder Schale genannt, danach das Mittelbord, die Wallschiene, die Windlatte und das Riesbord. Mittelbord und Wallschiene erhielten noch zusätzliche Keilstücke an Bug und Heck, um diese zu erhöhen. Als Baumaterial wurde Kiefernholz benutzt. Schwer zugängliche Teile, zum Beispiel unter den Kajüten oder stark belastete Teile wie die Windlatte und das Riesbord wurden aus Eichenholz gebaut, um Fäulnis oder schnelle Abnutzung zu vermeiden. Alle Nähte zwischen den Planken wurden mit Werg kalfatert. Nach dem Kalfatern wurden alle Nähte mit Pech überstrichen. Das Pech kochten sich die Schiffbauer und Schiffer aus Holzteer und Harz. Mit einem spanischen Rohrstock, dessen Ende mit einem Hammer zu einen Pinsel geschlagen wurde, konnte das Pech auf die Nähte aufgetragen werden. Das Pech verband sich knisternd mit dem Holz und dem Werg und stellte damit eine optimale Verbindung her. Ab dem 19. Jh. wurde Steinkohlenteer und Harz verwendet. Decksdichtungen wurden mit einem zur Tülle gepreßten Löffel verfüllt. Dabei fing man an der höchstgelegenen Stelle auf Deck an und arbeitete immer abwärts gehend. Mit dieser Methode wurde das Pech nicht verschmiert und das ganze gab dem Deck ein besseres Aussehen. Die Dichtigkeitsprobe wurde durchgeführt indem man das Schiff bis in Höhe der Bodenwrangen mit Wasser füllte und dabei jede Naht genau beobachtete.

Als die Schiffe größer wurden, zog man zur Querversteigung noch zusätzliche, sogenannte Duchten in Höhe der Windlatte und des Riesbordes ein. Im Laderaum war zur Aufnahme des Mastes ein Spurklotz und entsprechende Seitenversteifungen, die Scherstücke eingebaut. Damit wurde der Winddruck des Segels aufgenommen und auf den gesamten Schiffskörper übertragen. An Bug und Heck gab es bei entsprechender Schiffsgröße auch fest eingebaute Decks. Am Heck wurde dieses Deck als Stand bezeichnet, weil dort der Steuermann stand und das achterliche Ruder bediente. Das vordere Deck nannte man die Pflicht, weil dort auch die Besatzung beim Treideln, Peilen der Tiefe, Festmachen usw. ihren Pflichten nachkam.

Die kleinen Schiffe des Mittelalters hatten noch den achterlichen Steuerriemen als Ruder. Dieser befand sich auf der rechten Schiffsseite - daher auch steuerbord. Die Back, das ist die Schiffskiste des Steuermanns war an backbord. Diese Kiste diente zum Hinsetzen, auch als Ruderbank und enthielt persönliche Sachen wie Kleidung, Waffen oder Lebensmittel. Größere Schiffe ließen sich besser - besonders im beladenen Zustand - mit dem achtern, also mittschiffs angebrachten Ruder steuern. Diese Ruder lösten den einfachen Steuerriemen ab. Die Unterkante des Ruders durfte nicht tiefer als der Schiffsboden sein. War das Schiff leer, schwamm das Ruder auf, um dennoch die Steuerfähigkeit zu behalten, wurde auf oder an der Steuerdiele Ballast, in Form von Steinen oder Eisen gefahren.

Getakelt waren die Elbschiffe mit dem Rahsegel, welches quer zur Schiffslängsrichtung gefahren wurde. Die umfangreiche Takelung der großen Rahsegler ist im Bericht zum Thema „Katzenbuckelkahn" enthalten. Das Sprietsegel, welches sich in Schiffslängsrichtung befand, kam nach dem 30-jährigen Krieg auf. Es war leichter zu bedienen als das Rahsegel und es ließ sich höher am Wind fahren. Das Sprietsegel hatte eine Trapezform und war an der Sprietstange mittels Tauwerk und Rolle befestigt. Zusätzlich konnte noch ein Stagsegel am Bug gefahren werden. Das Segel wurde im allgemeinen als Kopfsegel bezeichnet und kam meist in dreieckiger, seltener in viereckiger Form zur Anwendung. Bis hierhin sind der Bau und die Ausrüstung der Schiffe bis in die Neuzeit vom Prinzip gleich geblieben. Man findet auf den Stadtansichten der verschiedenen Elbstädte die unterschiedlichsten Mischformen von Schiffen hinsichtlich der Größe und der Takelage. Einen einheitlichen Schiffstyp gab es nicht, je nach dem ob das Schiff im Ober-, Mittel- oder Unterlauf gebaut wurde, je nach Geschmack des Eigners oder nach den Traditionen der Schiffbaumeister waren die einzelnen Schiffe verschieden. Einige Beispiele gesegelter Schiffe sollen im Anschluß genannt sein.

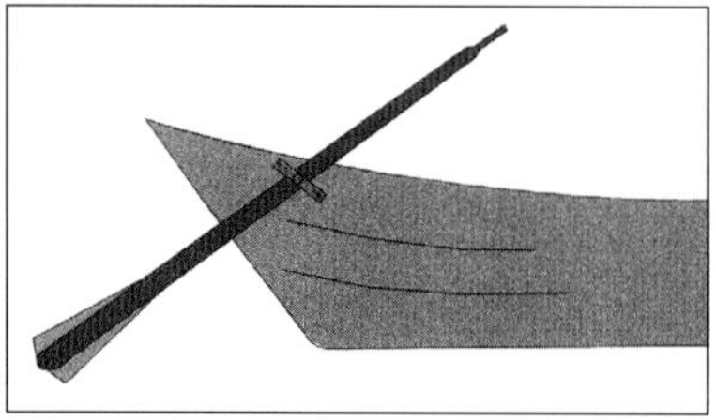

Einfaches Heckruder

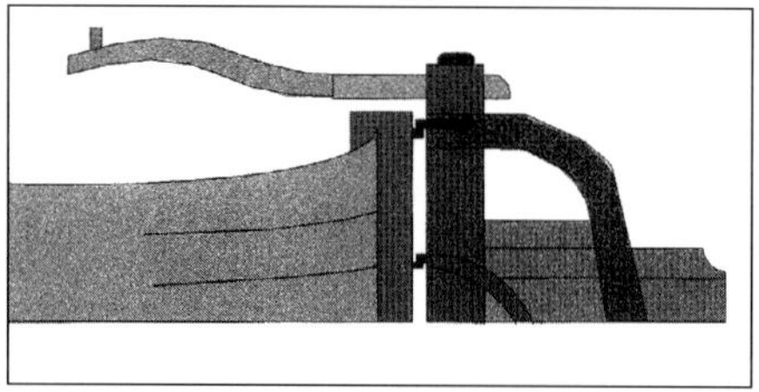

Ruder eines Stecknitzkahns

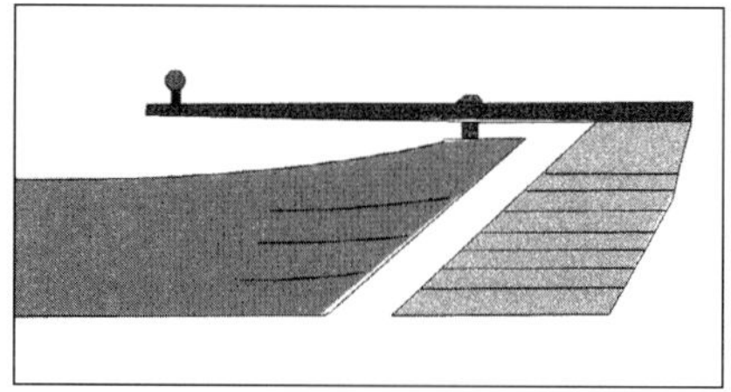

Ruder eines Ewers

Ruder eines Schleppkahns

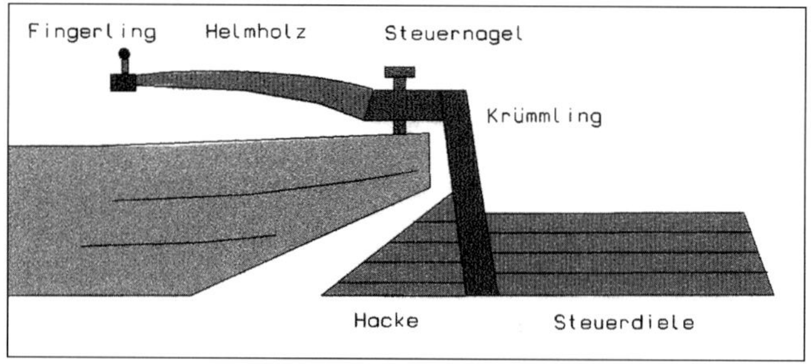

Segelschiff mit Spriettakelage

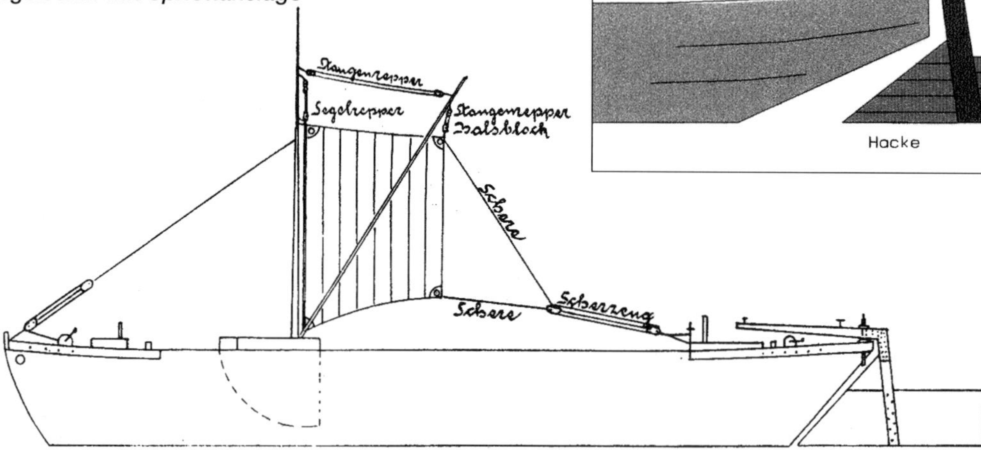

Ruderarten und Aufbau eines Schiffes mit Spriettakelage

Der Stecknitzkahn

Dieser Schiffstyp war den Bedingungen des Stecknitzkanales angepasst. Der Kanal hatte bei einer Länge von 59 km, eine Breite von 4,66 m und eine Wassertiefe von 90 cm. Die Höhenunterschiede zwischen Elbe und Ostsee wurden mit 13 Schleusen überwunden. Das Schiff für die Fahrt nach Lübeck konnte 12,5 Tonnen Fracht mitnehmen. Die Länge der Schiffe betrug 19, die Breite 3,25 m, die Höhe 86 cm bei einem Tiefgang von ca. 40 cm. Das Schiff war auf Steven gebaut und lief vorn und hinten spitz zu. Bewegt wurde das Schiff mittels Sprietsegel oder durch Staken und Treideln. Der Stecknitzkanal war von 1398 bis um 1820 in Betrieb.

Der Ewer

Der Ewer wird bereits 1252 genannt und war auf der Elbe bis nach Magdeburg verbreitet. Im Elbegebiet werden Hamburger Ewer, Ilmenau Ewer, Lauenburger Ewer erwähnt. In der Rogätzer Zollrolle von 1576 bis 1578 finden Ewer neben Schiffen, Archen und Kähnen Erwähnung. Der typische Ewer besaß stark geneigte Steven und in den Borden eine große Lehnung, so daß er bis in das Tidegebiet der Unterelbe fahren konnte.

Die Arche

Die Bezeichnung stammt aus den lateinischen Wort „Arca“, zu deutsch Kasten. Martin Luther verwendete sie in seiner Bibelübersetzung für ein großes Schiff mit hoher Tragfähigkeit. Luther als Professor in einer Elbestadt verwandte einen umgangsprachlichen Begriff. Archen waren somit große, auf Kaffe gebaute Schiffe.

Die Gelle

Die Gelle war ein bis in das 19. Jahrhundert eingesetzter Schiffstyp von etwa 25 m Länge und 3 - 5,5 m Breite. Im Vorschiff unter der Pflicht befand sich ein kleines Verdeck und achtern eine Kajüte.

Mitte des 19. Jh. wurden die Elbschiffe größer gebaut, das lag zum einen am Einzug des Eisens in den Schiffbau, zum anderen an der verbesserten Wasserführung durch den zunehmenden Elbausbau. So wurden zuerst die Spanten, später die Bordwände aus Eisen, später Stahl gebaut. Der hölzerne Boden der Frachtschiffe hielt sich noch bis in das 20. Jh. Mit dem Aufkommen der Kettendampfer und später der großen Schaufelraddampfer wurden auch die Segel überflüssig. Allerdings wurde beim Treibenlassen der beladenen Schiffe zu Tal immer noch Segel gesetzt. Erst 1967 wurde das Segeln und Treibenlassen verboten. Der Grund dafür war die starke Zunahme des Schubverkehres, welche ein sicheres Begegnen nicht mehr ermöglichte.

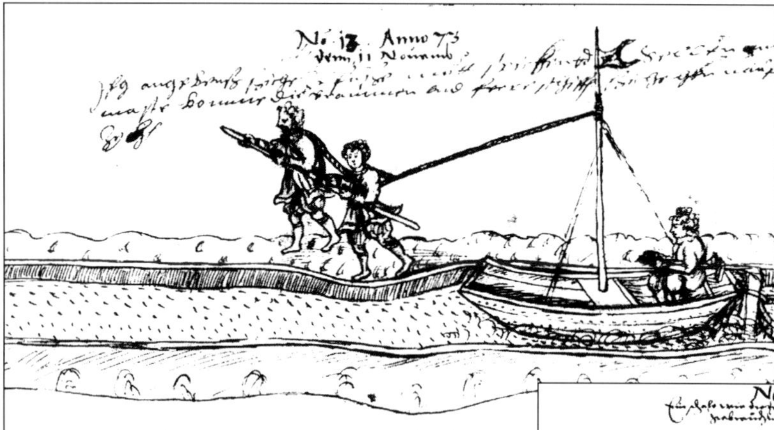

Ausschnitt aus einem Kanalprojekt Oker-Bode des Herzogs von Braunschweig-Lüneburg um 1570. Schiffsknechte ziehen einen Prahm zu Berg. Die Schleppleine ist am oberen Mastende angebracht. Der Mast ist in der Ducht eingestellt; gesteuert wird mittels Heckruder.

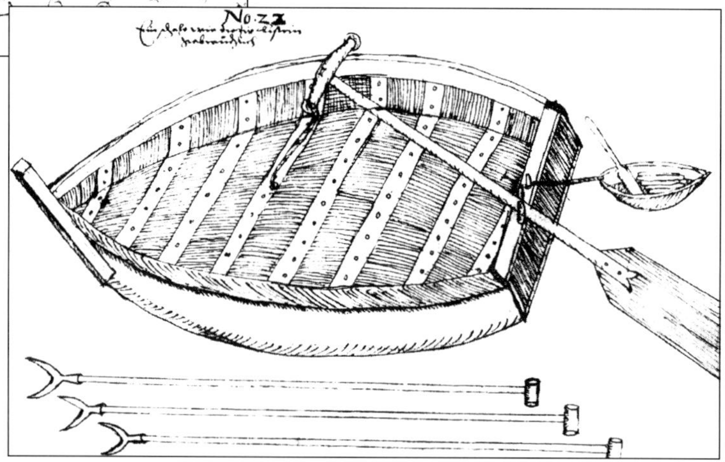

Abgebildet ist ein Frachtschiff mit stumpfem Heck und flachem Boden. Als Steuer fungierte ein breiter Riemen, zur Fortbewegung wurden die abgebildeten Staken benutzt. Dieser Schiffstyp besitzt am Vorschiff ein Steven.

2. Magdeburger Schiffer bei der Belagerung 1550/51

In den Jahren 1550 bis 1551 wurde die Stadt Magdeburg auf Befehl des Kaisers Karl V. durch ein Heer unter Führung des sächsische Kurfürsten Moritz belagert. Die Stadt wurde mit Wällen, Schanzen und Blockadehäusern umsäumt. Um den Verkehr auf der Elbe zu unterbinden wurden ober- und unterhalb der Stadt Pfähle in den Fluß gerammt und diese dann mit Ketten verbunden. Schiffspatrouillen bewachten die Sperren.

Notwendig wurden diese Belagerungsmaßnahmen nachdem die Magdeburger Stadtverteidiger mit ihren Schiffen und Kähnen nachts durch den Belagerungsring fuhren und dem Gegner mit Überraschungsangriffen vom Wasser aus zusetzten.

Folgende Beispiele geben darüber Auskunft:

„... 9. Martij. Gegen Mitternacht zogen der Magdeburgk Kriegsvolck vngefährlich inn die 150. Starck mit 28. Kahnen die Elben auffwarts hinter Cracaw hinweg, rissen die Brucken für der Clauß für vnnd hinter sich nieder und nahmen der Monche von Berge dorff Pechawe ein,...

9. März 1551. Gegen Mitternacht zogen 150 Mann Magdeburger Kriegsvolk, mit 28 Kähnen die Elbe aufwärts bis hinter Krakau, rissen die Brücken des Klusdammes vor und hinter sich nieder und eroberten das den Mönchen des Klosters Berge gehörende Dorf Pechau.

... Brachten allen Proviant, so da verhanden war, inn die Kähne, gruben eine Schantze, sich darein zu verbergen, weren wol willens gewesen, denen von Crakaw die Proviant Zunehmen, welches auch wol geschehen were, wenn mann aus der Stadt bey den Lagern Buchaw vnd Newstadt gewehret hette. Jedoch brachte man viel schöner Proviant von Rindern Kühen Kelbern Käse Butter etc. ...

... Die Nacht zuvor kam das eine Jageschiff abermahls mit Victualien beladen von Randaw, hatte viel Kühe Kälber Schweine Korn Gersten Haber Dreugefleisch drey Glocken vnnd 2. Schöner newer Kähne, die sie dem Feinde hinter Cracaw mit 2 Fassen Ascherschlebischen Bier sampt 5 Gefangenen, darunter einer eines Hauptmans Trabant im Cracovischen Jäger, der andere ein Schreiber, mitgebracht, die Beute wardt auf weit vber 300 fl. geschätzet. ...

Trotz des Wappens ist rechts unten die nordöstliche Ecke der Neuen Stadt zu sehen. Die Flußsperre mit den Patrouillenbooten und den im Text genannten Fährprahm zeigt diese Abbildung.

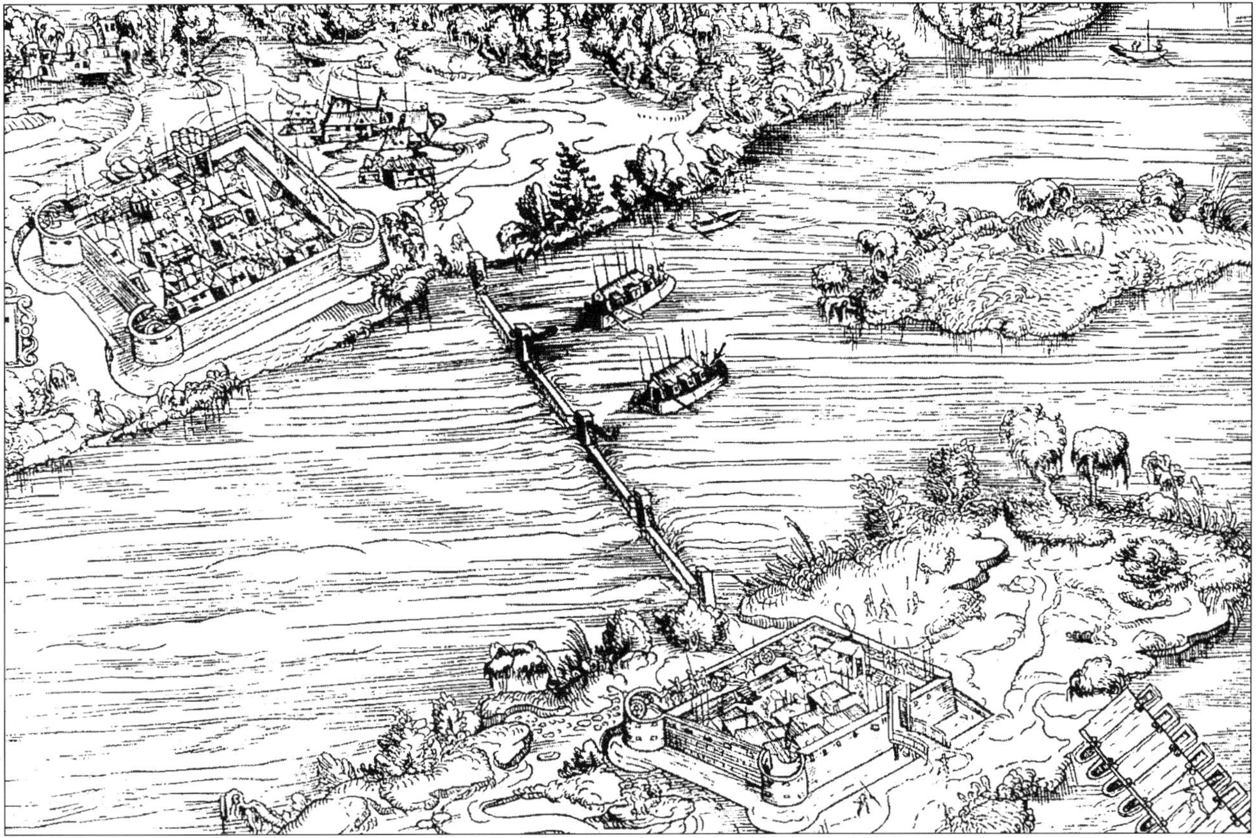

Diese Sperre muß beim damaligen Dorf Buckau angelegt worden sein. Die große Schanze weist daraufhin.

Die Nacht zuvor, 19.-20. März, kam das eine Jagdschiff mit Lebensmittel beladen von Randau, hatte viele Kühe, Kälber, Schweine, Korn wie Gerste und Hafer, Trockenfleisch, drei Glocken (wurden für Kannonen benötigt) und zwei schönen neuen Kähnen. Die Kähne wurden hinter Krakau aufgebracht. Zwei Fässer Aschersleber Bier und fünf Gefangene rundeten die Beute im Gesamtwert von 300 Gulden ab.

... Danach vber 4. oder 5. Tage als den 26. Matij, wie sie abermals mit den Schiffen auß fuhren, trafen sie bei Plötzke etliche Reuter an, das der unseren daselbst 2 Todt blieben und 5. Beschädiget worden, sonsten kamen wol vnd glücklich zu hause, hatten in die 40. Stücke Viehes, aber alles abgeschlachtet. ...
Aber nicht alle Aktionen waren erfolgreich, wie nachfolgende Schilderung aufzeigt wurde ein überfall in Richtung Gommern/Plötzky erfolgreich abgewehrt und endete für die Magdeburger mit hohen Verlusten an Männern, Waffen und Material. Die Aktion erfolgte über die heutige Alte Elbe/Umflutkanal, welche damals befahren werden konnte.

... Darnach vber zween Tage, als nemblichden 28. Martij, alß die Magdeburger abermahl zu Schiffe außfahren nach Plötzke und Gummern, fanden sie den Flecken Gummern mit etlichen Knechten besetzt. Deshalben ist ein Scharmützel zwischen ihnen worden, von den Magdeburgern sein baldt im Anfang 8 Erschossen vnd zu Rück im Schiff getrieben. Die Magdebürger hetten in beyden Schiffen etliche Kammerbüchsen vnd in die 20 Serpentiner vnd Doppelhacken, die liessen sie im abgahen inn die Feinde gehen, dargegen die selbigen auß Gummern etliche Feldtgeschütze und Serpetiener geführet, vnnd nach den Magdeburgern wieder geschossen, vnd hat dem einem Schiff Segelbaum abgeschossen, vnd vber das keinen Schaden gethan.“

Auf dem Holzschnitt aus dem Jahre 1552 sind deutlich die Elbsperren ober- und unterhalb Magdeburgs mit den Wachschiffen der Belagerer dargestellt. Im rechten oberen Bildteil ist neben den Wachschiffen auch ein großer Fährprahm zu sehen, welcher mittels Staken quer zur Strömung über den Fluß bewegt wird. Die Fahrt zu Berg, also Flußauf ging durch den oberen, im rechten Bildteil dargestellten Elbarm. Der untere Elbarm auf der rechten Bildseite ist mit einer Schiffsbrücke abgeriegelt.

805	Nach Beendigung der Sachsenkriege unter Karl dem Großen wird Magdeburg erstmals erwähnt. Die Chronik von Moissac meldet, daß die vierte Heeresabteilung Kaisers Karls mit einer Flotte elbaufwärts nach Magdeburg gefahren sei.
965	erhielt Magdeburg neben anderen Privilegien das Marktrecht. In der Marktrechtsurkunde Kaiser Otto I. werden Schiffe als Transportmittel erwähnt.
967	weilt Ibraim-ibn-Jaqub als Gesandter des Kalif von Cordoba am Hof des deutschen Kaisers Otto I. und bereist u.a. per Schiff von Magdeburg aus die Elbe und die Saale.
981	erfolgte der Transport der sterblichen Hülle des Erzbischof Adalbert per Floß von Giebichenstein an der Saale nach Magdeburg.
um 1000	berichtet der Chronist Johann Camparius:
	„... das die gottgeweihte Stadt, vormals berühmt unter den Völkern und eine von den großen Städten, solange Otto I. das königliche Zepter führte, nun ein halbzerstörter Ort und ein unzuverlässiger Aufenthalt für Schiffer sei.“
1105	erhält das Kloster Berge die Nutzungsrechte und Einnahmen der damaligen Fähre in Fermersleben.
1012	ließ sich der todkranke Erzbischof Tangino von Merseburg nach Magdeburg bringen. Erzbischof Tangino verstarb auf dieser Flußreise in Rothenburg an der Saale.
1127/1128	unternahm Otto, Bischof von Bamberg, welcher auch als Apostel von Pommern bezeichnet wird, Reisen auf Elbe und Saale, um in Halle auf der Messe erstandene Waren per Schiff nach Havelberg zu bringen. Bei den eingehandelten Waren handelte es sich vor allem um Salz sowie Getreide, welches von Havelberg aus mit Wagen zu den pommerschen Besitzungen weitertransportiert wurde.
1136	unterscheidet eine Urkunde Kaiser Lothars die Elbeschiffe in fünf Kategorien:

Schiffsgröße	zu entrichtender Zoll in Elboi	Mellingen*	Tangermünde
maxima navi	3 Solidi	18 Denarii	6 Solidi
duobus mediocribus copultatis	18 Denarii	11 Denarii	3 Solidi
navi minor	1 solidus	6 Denarii	4 Solidi
navicula	6 Denarii	3 Denarii	1 Solidus
minima navi		2 Denarii	4 Denarii

* Mellingen war ein Ort bei Ringfurth

1152 bescheinigt der Magdeburger Erzbischof Wichmann dem Kloster Neuwerk bei Halle, daß es mit einem Schiff Salz die Saale und Elbe zu Tal befördern darf. Auf der Rückreise zum Kloster wurde in der Bergfahrt Holz transportiert.

1230 Die Fischer und Schiffer werden in der Magdeburger Neustadt als die dominierenden Gewerbe aufgeführt.

1275 stürzte die Elbbrücke in Magdeburg während einer Prozession ein. „*... verdrunken sind wol dreihundert volks...*“ berichtet ein Zeitgenosse.

Mitte 13. Jh. Die Gunst der Lage an der Kreuzung einer nordsüdlichen und einer westöstlichen Handelsstraße erhob Magdeburg im 13. und 14. Jahrhundert zu einem der größten Warenumschlagplätze des mittelalterlichen Deutschland.

Mansfelder Kupfer, sächsisches Silber, polnische Pelze, böhmisches Holz, schlesische Häute, flämische Tuche, skandinavische Fische - die Stadt zog sie an sich, bereicherte sich an ihnen und sandte sie dann weiter in die Welt hinaus. Der Zwischenhandel dominierte und

Schiffsdarstellung um 1190

bestimmte die wirtschaftliche und politische Struktur des Gemeinwesens der Stadt.

Mitte des 13. Jahrhunderts bildete sich in Magdeburg das sogenannte Stapelrecht heraus, d.h. die ankommenden Waren mußten am Ort gestapelt und drei Tage lang zum üblichen Preis angeboten werden. Nur die unverkaufte Ware ging weiter und konnte die Stadt passieren.

In dieser Zeit finden neun verschiedene Schiffstypen für die Elbe Erwähnung.

1294 Wird Magdeburg erstmals als „*...die Oldestad to Magdeborch...*“ unter den freien Städten der deutschen Hanse erwähnt.

1309	Die Kornverschiffung und die darauf erhobenen Abgaben gehen in die Hände der Stadt über. Auf diese Bestimmung gründet die Stadt seitdem das sogenannte Stapelrecht. Die Verladung des Getreides erfolgte im Hafen der -Alten Stadt- Magdeburg am Elbufer.
1363	*„ ... de brugge hedde gan over de grote Elbe gegen Crakawe ... "* Brückenzug über die kleine und große Elbe.
18.06.1377	Nach einer Visite in Magdeburg fährt Kaiser Karl IV. per Schiff zur Pfalz nach Tangermünde.
1398	Inbetriebnahme des Stecknitzkanales für die Fahrt von der Elbe über Lauenburg nach Lübeck.
1402-1403	beteiligten sich Fischer und Schiffsleute an den Machtkämpfen in der Stadt. *„... dar quemen to vischere und scheplude...".*
1422	Im Frühjahr stürzt die Brücke über die Kleine Elbe (jetzige Stromelbe) ein. Das Bauholz für den Brückenneubau wird teilweise aus Böhmen per Floß herangeführt.
1425	Um den Mangel an Mehl in der Stadt vorzubeugen läßt der Rat an der Stromelbe durch den Baumeister Peter von Preußen eine Schiffsmühle errichten, die damals allgemeines Staunen hervorrief.
1527	wendet sich der Magdeburger Rat an den Rat der Stadt Frankfurt, den „Maister Matthisen, den Maler" (Matthias Grünewald) um die Zeichnung einer Schiffsmühle zu erbitten.
26.02.1538	Vertragsabschluß zwischen den Städten Magdeburg und Hamburg, in dem sich Magdeburg verpflichtet, den Hamburger Bürgern das Vorkaufsrecht für das elbabwärtsgehende Getreide zu überlassen.
1545	Abgesandte des Herzogs von Mecklenburg und des Kurfürsten von Brandenburg treffen sich in Stendal und Tangermünde mit Magdeburger Vertretern, um die von Herzog Ernst von Braunschweig/Lüneburg verhängten Elbzölle in Bleckede und Schnackenburg zu be-

sprechen. Magdeburger Schiffe mußten ausgeladen werden und die Ladung über Braunschweiger/Lüneburger Zollstellen nach Magdeburg geführt werden.

9.-28.3.1551 Einsatz von Schiffen zur Proviantbeschaffung während der Belagerung der Stadt im Rahmen einer Reichsacht.

1566 Erste nachgewiesenen Aufzeichnungen über die Elbwasserstände in Magdeburg.

1573 wird in Braunschweig unter persönlicher Anteilnahme des Herzog Julius an einen Kanalprojekt zur Verbindung der Oker mit der Bode gearbeitet. Das Projekt sah eine Schiffahrt über diesen Kanal mit anschließender Fahrt auf der Bode bis zur Mündung in die Saale bei Nienburg und über die Saale in Richtung Elbe vor.

07.10.1598 überfallen 300 bewaffnete Magdeburger Bürger einen Hamburger Ewer und sperren den Schiffseigner Heinrich Beckmann ein. Er erhält sein Schiff nach Zahlung einer Geldstrafe zurück. Der Grund für diese Handlungen lag in dem Versuch das Stapelrecht für Getreide in Magdeburg zu umgehen und im Raum Derben die Getreideverschiffung vorzunehmen.

Ende 16. Jh Die zwischen Magdeburg und Hamburg verkehrenden Schiffe tragen etwa zwei Lasten. Eine Last entsprach etwa zwei Wispel. Der Wispel betrug 1,319 Liter, so daß die Schiffe etwa 5 -6 Tonnen tragen konnten.

Darstellung einer Gelle um 1790

Von 1600 bis 1815

Zu Beginn dieser Epoche führte der Niedergang der Stadt durch die Zerstörung von 1631 fast zum Erliegen der Elbeschiffahrt. Mit der Bildung des preußischen Herzogtums Magdeburg und dem Ausbau der Stadt zur stärksten Festung Preußens erfuhr der Elbhandel und damit auch die Schiffahrt einen enormen Aufschwung. Die Eröffnung des Plauer Kanal 1745 verkürzte den Schiffahrtsweg nach Potsdam und Berlin. Der Bau des Packhofes am Johannisförder 1730 und der Bau der Schleuse 1747, welche die Elbe mit der Zollelbe verband, zeugen von den erhöhten Ladungs- und Schiffsaufkommen.

Mit der Fertigstellung der Unstrut als Wasserstraße 1794 konnte Preußen die wichtige Salzversorgung der Garnisonen und Festungen aus den Salinen in Artern/Unstrut und Salzelmen bei Schönebeck an der Elbe per Schiff und Wasserstraße absichern. Eine staatliche preussische Salzflotte übernahm diese Aufgabe ab 1749.

Um die Schiffsabfertigung am Magdeburger Packhof zügig zu gestalten und um Streit unter den Schiffern zwecks der Reihenfolge der Beladung der Schiff zu vermeiden, wurde ab 1748 die sogenannte Reiheschiffahrt eingeführt. Da der bisher nicht konsequent verfolgte Stromausbau und die Uferpflege durch die Elbanreinerstaaten vernachlässigt wurde, kamen auf der Elbe keine größeren Schiffe zum Einsatz. Statt dessen wurden ab 1794 sogenannte „verdeckte Jachten“, kleine, schnittige Schiffe, die mit Rahsegel gut am Wind liefen, in den Elbverkehr gebracht. Durch Steigerung der Umläufe zwischen Hamburg und Magdeburg wurden mit diesem Schiffstyp gute Ergebnisse erzielt.

Neben den Mängeln im Strombau brachten die bis zu 48 Zollstellen an der Elbe den Schiffern viel Verdruss; besonders durch die hohen Kosten, welche sich durch die Zölle ergaben. Aber auch der Zeitaufwand war ein erheblicher.

Die Zeit der napoleonischen Besetzung und die damit verbundene Kontinentalsperre bis 1813 brachte einen weiteren Einschnitt in den Elbhandel. Erst mit den Beschlüssen des Wiener Kongresses 1815 wurde die Schiffahrt auf den europäischen Flüssen international frei gegeben.

Die Schiffsformen des 16./17. Jahrhunderts

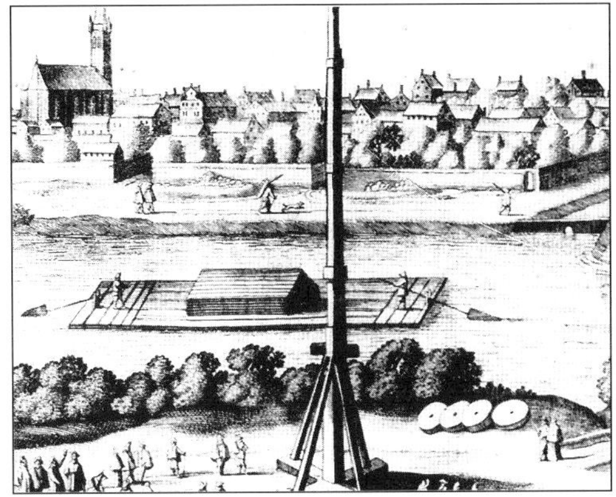

Der berühmten Kupferstich von Jan van de Velde (1593-1641) zeigt deutlich die Handschrift der holländischen Meister. Segelschiffe mit Seitenschwertern wurden im Magdeburger Elbbereich nicht gefahren (Bildausschnitte links). Das talwärts treibende Floß sowie der Holz- und Mühlsteinstapel entsprechen dem mittelalterlichen Stadtbild.

3. Die Elbschiffahrt am Anfang des 18. Jahrhunderts

Eine zeitgenössische Beschreibung.

„Der Ordnung wegen wird nicht undienlich sein, wenn wir hierbey mit anführen, wie sich diejenigen, die diesen Strom befahren, mit ihren großen Lastschiffen der richtigen Fahrt und dabey anzuwendender Arbeit halber zuverhalten pflegen.

Bei Windstille und zur Überquerung von Gefällestrecken (Stromschnellen) wurden die Schiffe in der Bergfahrt getreidelt.

Die Fahrt auf der Elbe ist anzusehen, wie sie entweder abwärts und hinunter oder aufwärts und gegen den Strom geschiehet. Hinunterwärts geschiehet sie mit Schiffen und auch mit Holzflößen. Die meisten Schiffe, so in Sachsen den Elbstrom abwärts fahren, sind von Schandau, Königstein, Pirna etc. Die sogenannten Steinschiffe, welche aus den hart oder nahe an der Elbe im Ueberfluß liegenden Steinbrüche viele Steine die Elbe abwärts führen, und theils damit den Strom hinunter bis nach Werben, von da aber in die Havel und Spree bis nach Berlin fahren. Ferner gehen auch von Pirna, Dresden, Meißen etc. verschiedene Schiffe nach Hamburg.

Dergleichen Schiffe, die zum Exempel von Dresden nach Hamburg abfahren, sind gemeiniglich mit 12 - 15 Mann und auch mehr Schiffleuten versehen. Diese werden eingetheilt in einen Steuermann und einen Ruderknecht, die übrigen sind Schiffknechte. Der Steuermann ist der öberste, welcher angiebt, was zuthun sey, und dem die anderen alle Gehorsam zuleisten schuldig sind. Der Ruderknecht führt das Steuerruder, welchem die Schiffknechte ebenfalls gehorsam verbunden sind.

Wenn alles zur Abfahrt fertig ist, fährt der Steuermann (zumal bey kleinem Wasser) mit einem kleinen Kahn voraus, erkundiget und untersuchet die Fahrt mit gewissen 12 bis 16 Fuß langen hölzernen sogenannten Mahlstäben, nämlich: Er zeichnet mit dergleichen eingeschlagenen Mahlstäben, wo Steine und Hölzer unter Wasser in der Fahrt liegen, oder wo seichte Oerter oder Sandbänke vorhanden sind, um das Schiff davon abzuhalten; Wonach sich dann der Ruderknecht richten, und bei Erblickung desjenigen Mahlstabes, so blos ist, linker Hand, wo aber am Mahlstab ein Zeichen befindlich, welches gemeiniglich mit Stroh geschiehet, rechter Hand vorbey oder darneben wegfahren muß. Von diesen Zeichen nennen die Schiffleute das erste ein Bloßmal, das andere aber ein Strohmal.

Wegen der vielen in solchen Strom befindlichen Steine, Hölzer und Sandbänke darf man bey der Nacht, wenn es auch gleich hell Wetter oder bey vollen Mondschein ist, dennoch mit einem beladenen Schiff den Strom hinunter zu fahren, nicht wol wagen. Daher die Schiffleute, sobald die Sonne unterzugehen beginnet, auf das Nachtquartier ihr Absehen richten. Kann nun die Zuflucht nicht füglich oder sicher genug geschehen; so bleibt das Schiff liegen und wird benöthigten Falls der Mastbaum, (als welcher bey der Niederfahrt oder wenn den Strom abwärts zu fahren ist, ohne dis nicht aufgerichtet wird, sondern allezeit neben den Schiff angebunden, mitschwimmet,) auch was etwa sonst an ledigen kleinen Kähnen und anderen Holzwerk zuhaben, vor das Schiff geleget, um hierdurch die Wasserwellen zubrechen, und aufzuhalten, damit selbige nicht ins Schiff einschlagen und solches ersäuffen mögen. Die Schiffleute hauen auch wol kleine Bäume mit Ästen und Laub ab, und legen solche vor das Schiff in den Strom, wodurch ebenfals die Wasserwellen sehr gebrochen und vom Schiff abgehalten werden."

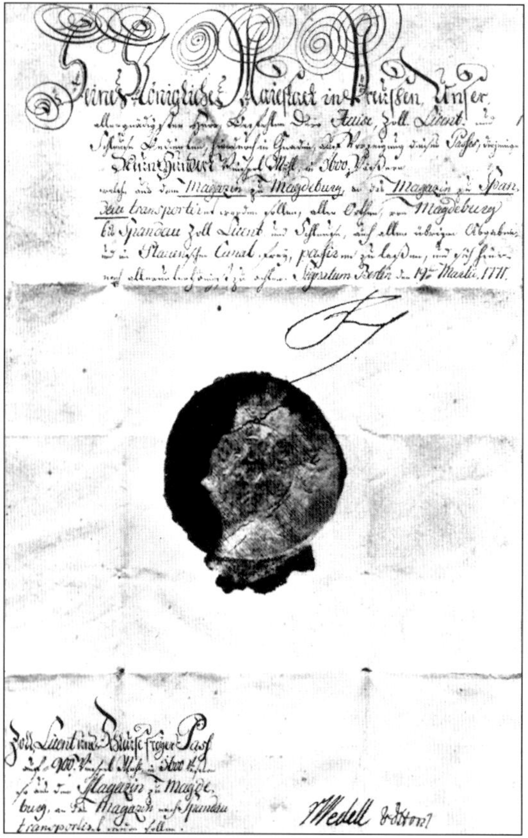
Seiner Königlichen Majestät in Preußen, Unser …
… Magazin zu Magdeburg … Magazin zu Spandau …
… Magdeburg … Spandau Zoll Licent …
… Canal … passiren zu lassen …
… Signatum Berlin den 19. Martii 1771.

Zoll Licent und Schleuse Freyer Pass …
… Magazin zu Magdeburg … Magazin … Spandau transportiret …
Wedell

Königliches Patent Friedrichs II. zur Versorgung der Festungsmagazine Magdeburg und Spandau. Es befreite den Magdeburger Schiffseigner Strack von den Schiffahrtsabgaben im Plauer Kanal.

Diese Vorsichtsmaßnahmen waren seinerzeit nötig, da die Schiffe keinen vorgeschriebenen Freibord hatten. Meist ragte die Bordhöhe nur einen Fuß, also etwa 30 cm über die Wasseroberfläche, so daß bei starken Wind die Gefahr des Vollschlagens bestand. Aber auch tagsüber war die Fahrt bei Wind nicht ungefährlich. Infolge des Wellenschlages waren die Schiffsführer nicht in der Lage die unter Wasser liegenden Hindernisse zu erkennen. Bei ruhiger Wasseroberfläche erkennt man die kleinen Stauungen, welche durch Baumstämme, Steine u.ä. verursacht werden. Bei sehr unruhigen Wasser konnten die Schiffer nicht über Stromstrecken, die nicht frei waren von Unterwasserhindernissen, hinwegfahren und mußten warten bis eine Verbesserung der Verhältnisse eintrat.

„Was dieses für eine verdrießliche Reise verursachet, ist leicht zu urtheilen.
Die Holzflöße betreffende, so ist deren Fahrt, auf der Elbe hinunter mit der Schiffe ihrer fast gleich; Jedoch aber dabey zu merken, daß die Holzflöße nicht wohl zu allen Zeiten, sondern gemeiniglich nur bey hohem oder vielen Wasser fahren können; Daher deren Fahrt mehrentheils im Frühling wenn nämlich der Schnee auf den Gebürgen zerschmelzet und der Strom dadurch zuwachsen beginnet, eingerichtet oder vorgenommen wird.“

4. Von Bomätschern und Schiffern

Auszug aus einem Artikel des Heimatkalenders 1940 vom Magdeburger Generalanzeiger den Karl Hosang aus Aken verfaßte:

„Wo heute am Sonntag der Spaziergänger am Elbufer Erholung und Entspannung sucht und sich der schönen Gottesnatur erfreut, da wuchteten vor hundert Jahren Männer am Ufer entlang, die an Gurten und Leinen den Elbkahn stromaufwärts zogen. Der Weg war kenntlich und festgetreten, und Spaziergänger sind damals kaum auf ihnen gewandelt; denn es war mit den Männern, die im Gleichschritt das schwerbeladene Fahrzeug gegen die Strömung zogen, bei dieser anstrengenden Arbeit nicht gut Kirschen essen, und man ging ihnen deshalb lieber aus dem Wege. Diese Schiffstrecker, besser noch Bomätscher, waren eine Zunft, die zu der Zeit, als es noch keine Dampfer und Motorschiffe auf der Elbe gab, die Fahrzeuge elbwärts brachten. Segeln oder gar Rudern war bei der Größe der Kähne, besonders, wenn sie beladen waren, nicht möglich. Er nahm sich auch auf seiner Talfahrt Leute mit, die ihm nachher auf der Rückfahrt den Kahn zogen. Das haben sich aber wieder Männer zunutze gemacht und haben sich zur Zunft der Bomätscher zusammengeschlossen, die nun gegen bestimmten Lohn gewisse Strecken den Kahn entlang »treckten« und so Zughilfe leisteten. Die Zunft der Bomätscher hat sich dann so ausgebildet, daß sie die Elbstrecke unter sich aufteilten und ihre Gebiete abgrenzten. Sie haben scharf darauf geachtet, daß keine Gruppe weiterging, als die Grenze vorschrieb.

Der Name Bomätscher, auch Pomätscher, stammt aus dem Slawischen und bedeutet Helfer, also ein Mann. der Hilfe leistet. In der Schiffahrt zu deuten sind die Bomätscher als Männer, die der Schiffsbesatzung, die nicht zum Ziehen des Kahns ausreichte, ihre Hilfe bei der Bergfahrt angedeihen ließen. Die Zunft hat ihre Ursprung an der Oberelbe gehabt, und ihre Mitglieder stammten auch meistens aus der dortigen Gegend, wo auch in vielen Elborten der Haupterwerb der männlichen Bewohner das »Schiffstrecken« war. Es war eine schwierige Arbeit, die diese Männer zu leisten hatten, und da ist es nicht weiter verwunderlich, wenn sie mit der Zeit krumm wurden.

Zur Ausübung ihres Berufes hatten sie ihr Handwerkszeug, daß sich >Treckzeug< benannte. Dies bestand aus der sogenannten »Standfeste« und dem »Treckstock«. Die Standfeste war ein breiter Leder- und Hanfgurt, an dem ein kurzer Strick mit einem Knebel befestigt war, in den das Seil vom Kahn eingehängt wurde. Um sich stützen zu können, hatte jeder Bomätscher einen Treckstock.

Wie ging nun solche Fahrt vor sich. Die Bomätscher umstanden am Ufer den Schiffer, der nach Größe des Kahnes und der Ladung die Anzahl der Schiffszieher festsetzte. Jeder hätte gern mithelfen mögen, um sich nicht den Lohn entgehen zu lassen, und doch mußte mancher bei kleinem Fahrzeug sehnsüchtigen Auges hinter die Kameraden herschauen und sich auf einen späteren Kahn vertrösten. War nun die Zahl der benötigten Bomätscher bestimmt, so wurde gleich der Lohn festgesetzt; und außerdem gab es noch ein Schnapsgeld. Wenn die Einigung erzielt war, so brachten die Schiffsjungen oder, wie sie damals hießen, die Schiffsknechte das Zugteil an Land, das am Mast befestigt war. Nun »schirrten« sich die Schiffstrecker an. Der Anführer der Bomätscher führte den stolzen Namen »der König«, er gab Taktschritt und Schnelligkeit an, wonach sich die anderen richteten. Ihm folgte der »Büttel«, und am Schluß der Kolonne marschierte der Leinenwächter. War alles fertig, so rief der Schiffer, der am Steuer stand, herüber: »Holen!«, worauf sich die Schiffszieher langsam in Bewegung setzten und bald im Gleichschritt stromaufwärts zogen. Um im Takt zu bleiben, fing der »König« auch ein Lied an, das aber durch die schwer auf die Brust drückende Zugarbeit recht eintönig klang. Oft waren es nur einzelne Laute, wie: »Hai-hebei!« Je nach Größe des Fahrzeuges richtete sich die Stärke der Mannschaft, die bei der um die Mitte des vorigen Jahrhunderts (19. Jh.) wachsenden Schiffahrt sich steigerte. So konnte man damals Kähne langsam stromaufwärts schwimmen sehen, die von 10 bis auch zu 25 Mann gezogen wurden. Der Leinenwächter am Schluß der Mannschaft trug eine lange Stange, deren Ende eine Gabel bildete. Er mußte nun aufpassen, daß sich die Zugleine nicht am Ufer an Sträuchern oder anderen Hindernissen verfing, besonders waren es die Schiffsmühlen, die am meisten störten. Kam eine Mühle, so machte der Steuermann die Schiffszieher aufmerksam, diese zogen dann mit vereinter Kraft. Der »König« zählte: »1,2,3!«, und bei »drei« blieben alle stehen. Nun schwamm der Kahn langsam weiter, und der Leinenwächter konnte die gelockerte Leine mit seiner langen Stange über die Schiffsmühlen heben. War das Hindernis überwunden, so kam vom Kahn das Kommando: »Holen!«, und die Bomätscher legten sich wieder ins »Geschirr«.

An der Grenze ihres Bezirks angekommen, lohnte der Schiffer aus, und die Kameraden des nächsten Abschnitts machten sich fertig. Der Verdienst eines Bomätschers lag für das Ziehen des Kahns zwischen fünf und acht Groschen, das sind nach heutiger Währung etwa eine Mark. War der Lohn ausgezahlt, so ging's im Laufschritt zurück. Hatten sie Glück, so konnten sie viermal am Tag einen Kahn ziehen. Scharf wurde darüber gewacht, daß die Grenzen der Strecken nicht überschritten wurden, und so hat es wohl aus »Futterneid« auch manchen schweren Strauß auszufechten gegeben, bei denen dann die Treckstöcke eine weitere Verwendung fanden.

Als um die Mitte des vorigen Jahrhunderts (19. Jh.) die ersten Dampfschiffe auf der Elbe gebaut wurden, hatte die Bomätscherzunft einen Feind bekommen. Erst standen die Zunftgenossen am Ufer und lachten die schwerfälligen Ungetüme aus, in der Erwartung, daß sie doch nur ein Versuch seien und von der Strömung bald auf Land gesetzt würden. Doch sie sahen sich in Zukunft getäuscht, und in der unruhigen Zeit des Jahres 1848 ließen sie sich sogar zu Gewalttätigkeiten hinreißen. Die Kettenschiffahrt wurde das Grab der Bomätscherzunft. Als in den Jahren von 1870 bis 1874 die Kette von Hamburg bis Aussig (Usti nad Labem) gelegt war, hatten die Schiffer durch den Dampferschlepp größere Vorteile in der Schnelligkeit bei der Fahrt elbaufwärts, und sie benötigten die Schiffstrecker nicht mehr. So mußten sich diese nach anderen Berufen umsehen und verschwanden aus dem Schiffahrtsbetrieb."

So weit, so gut der Heimatkalender von 1940. Die Zeit der getreidelten Schiffe lag fast 100 Jahre zurück und die Erinnerung daran war ein wenig verblaßt. Allein zwischen dem im Text erwähnten Schiffsjungen und dem eigentlichen Schiffsknecht, die im Artikel auf eine Stufe gestellt werden, bestand der gleiche Unterschied wie zwischen Lehrjungen und Gesellen eines Berufsstandes an Land.

Die erwähnten Bomätscher, auch Pomätscher oder Bomhetschler sind gleichermaßen begrifflich nicht richtig interpretiert. In Sachsen nannte man den letzten Mann des Treidelzuges, also den erwähnten Leinenheber auch umgangssprachlich und scherzhaft den Baumhetschler, von hetscheln und tetscheln kommend. Auf bestem Sächsisch wurde aus dem Baum der Bom und somit der Bomhetschler. Für den Nichtsachsen und Nicht-Schiffer wurde darum hundert Jahre später der „Bomätscher".

Ebenso ist es in der Praxis nicht möglich, das Schlepptau über eine Schiffsmühle zu heben. Entweder der Schiffsmüller machte die Fahrt frei oder die Schleppleine wurde verlängert und um die Schiffsmühle geführt. So mußte übrigens auch bei Brücken verfahren werden. Dabei wurde das Schiff mittels Ruder und Staken auf Kurs gehalten.

Allegorische Darstellung zum Magdeburger Handel an der Elbe im 17. Jahrhundert - Zeichnung von Jekaterina Jerochina

5. Die Elbzölle im Jahre 1723

Paul Jacob Marperger gibt in seiner 1723 erschienen „Wasser - Fahrt auf Flüssen und Kanälen“ folgende Beschreibung der anfallenden Elbzölle:

„Die von Böhmen aus, bis nach Hamburg und Stade auff der Elbe zu entrichtende und frey zu machende acht und vierzig Zölle, seynd, wie sie Hr. Schößler in seiner ersten Continuation seines Arithmetischen Haupt-schlüssels pag. 202, beschreibet folgende als nehmlich:

- *neun Königlich Böhmische als Roßstock, Wennewau/Leutmeritz, Bemmer, Solesel, Aussig (zwey Zölle), Tetschen und Herrenskretschen.*
- *neun Königl. Polnische und Chur-Sächsische als: Schandau, Pirna, Dresden, Meißen, Mühlberg, Torgau, Bretsch, Wittenberg und Grünewald. Ein Adelicher in Churfürstl. Schloß Strehla.*
- *Fünff Fürstlich Sächsische als: Koßwig, Raslau, Tochen, Dessau und Barby.*
- *Elff König. Preußische oder Chur-Brandenburgische als: Aken, Schönebeck, Magdeburg (hier seynd 4. Zölle und Licent), Jerichau, Tangermünde, Sandau, Lentzen/ 2. Zoll nehmlich Zoll und Licent.*
- *Drey Freyherrliche als: Rogätz, Wittenbergen und Kumlosen.*
- *Vier Curfürstl. Lüneburgische als: Schnackenburg, Hitzacker, Bleckeda und Lauenburg.*
- *Zwey Fürst. Mecklenburgische als: Dömitz und Beitzenburg.*
- *Zwey Hamburger nehmlich zum Zollenspicker, und ein Stadt-Zoll in Hamburg, wie auch der Schaumburger-Zoll daselbst, unterhalb von Hamburg seynd noch Zölle in Stade und Glückstadt.*

Welche Gestalt auch obbemeldete Zölle auff der hinunter und herauff Reise, müssen abgestattet werden, und wie dadurch der Schiff-Fahrt große Hindernisß und Zeit-Verlust verursachet werde, solches weiset ferner besagten Authoris nachgesetzte Beschreibung aus, nehmlich:

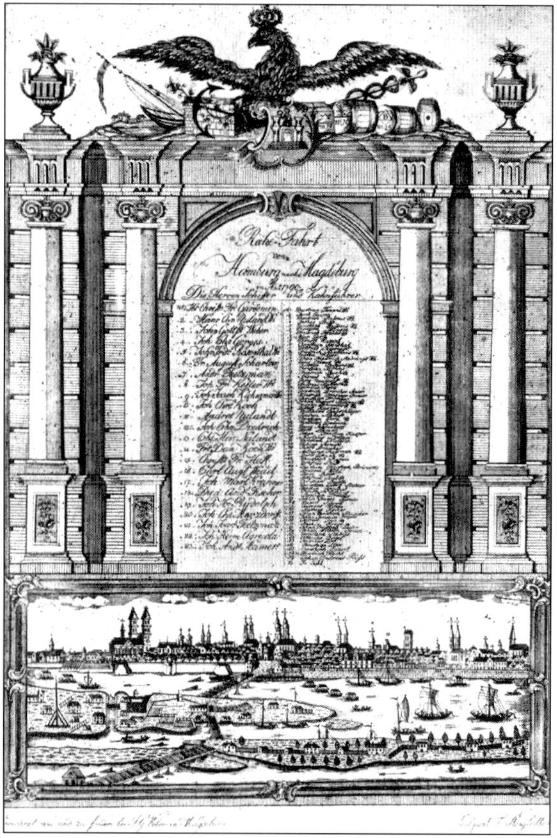

So bald das in Dresden nach Hamburg beladene Schiff nach Meißen kommt wird mit solchen oberhalb der Brücke an das Ufer gelegt, selbiges visitiret, der Zoll entrichtet, und auff dem Zoll-Zettel quittirt, nach Mühlberg kommende wird mit dem Schiff wieder angeleget, der Dresdner Zoll-Zettel producieret, hierauf das Schiff visitirt und der Zoll entrichtet, zu Torgau geschiehet ein gleiches, und so auch zu Pretsch und Wittenberg, wie auch zu Koßwig ausser daß hier der Dresdner Zoll-Zettel nicht angenommen wird, sondern ein neuer Angab-Zettel muß gestellet werden, nach welchen sich auch Raslau richtet, zu Dessau aber muß der Schiffer einen neuen Angab-Zettel formiren, Tochem richtet sich nach dem Koßwiger Zoll-Zettel, Barby will einen neuen Angab-Zettel haben, Grünewald hingegen als der letzte Chur-Sächsische Zoll observieret den Dresdner Zoll-Zettel,

zu Magdeburg, (woselbst das Schiff wegen dieser Stadt ihrer Stapel-Gerechtigkeit 3. Sonnenschein, oder 3. Tage still liegen muß,) werden 4. Zölle/ als das Fehr-Ampt, der Raths-Zoll, der Mühlen-Vogtey-Zoll, und die Licent entrichtet, und der Schönebeckische Zoll-Zettel produciret,

Rogätz, Jerichau und Tangermünde richten sich nach den Magdeburger Zoll-Zettel, nur mit dem Unterschied, daß in den beyden ersten Orten das Schiff nicht ans Land legen

Die beteiligten Schiffer waren 1790 für die Reihefahrt nach Hamburg privilegiert. Die Mitgliederzahl war begrenzt und durch bestimmte Kriterien der Satzung der Schiffervereinigung war es möglich der Reihefahrt beizutreten.

und sich visitiern lassen darff, zu Sandau wird wieder wie zu Tangermünde an Land gelegt, der Tangermündsche Zoll-Zettel abgegeben, das Schiff visitiret, und der Zoll abgestattet, zu Wittenbergen und Kumlosen geschiehet die Erlegung des Zolls ohne ans Land zu legen oder Visitation, hingegen wird das Schiff zu Schnackenburg als den ersten Lüneburgischen Zoll desto länger auffgehalten, weil ein neuer Angab-Zettel muß formiret werden, worauff das Schiff sehr scharff, auch so gar durch Eiserne Visir-Stäbe visitiret, und der Zoll in Hamburger Banco-Geld bezahlt wird,

zu Lentzen wird wieder an Land geleget, der Tangermündsche Zoll-Zettel versiegelt abgegeben, das Schiff alsdann visitiret, und der Zoll und Licent ebenfalls in Banco-Geld erstattet. Ein gleiches geschiehet in Dömitz, und weil solches Mecklenburgisch, auff einen neu formirten Angab-Zettel.

Hitzacker observirt Schnackenburger Zoll-Zettel und Manier, Bleckeda ingleichen, Boytzenburg richtet sich nach der Dömitzer Angab, Lauenburg, als der letzte Lüneburgische Zoll, nach dem Schnackenburger, beym Zollenspicker wird nicht angelegt, sondern nur des Schiffers Ankunft notificiret, auch ohne in der Hinunter-Reise Zoll zu bezahlen, gleich weiter fortgefahren, welches wie auch die gelinde Hamburger Zölle schon eine Marque ist, daß diese kluge Republic ihren Commerciis mehr zuträglich halte, die Wasser-Fahrt nach ihrer Stadt durch mehere Aufflagen nicht noch difficiler zu machen, als solche sich dermahlen schon befindet."

Als Anmerkung die Ortsnamen in der heutigen Schreibweise:

Außig	-	Usti nad Labem	Koswig	-	Coswig / Elbe
Raslau	-	Rosslau	Jerichau	-	Jerichow
Bleckeda	-	Bleckede	Beitzenburg	-	Boizenburg

6. Förderung des preuß. Schiffbaus an der Elbe 1723

PATENT zur Beförderung des Schiff-Baues / Auf der Elbe / Oder und Spree /

und wegen der Freyheiten so die Bauer der Schiffs-Gefässe geniessen sollen.

Wir Friedrich Wilhelm / von Gottes Gnaden / König von Preussen / Markgraf zu Brandenburg / des Heiligen Roemischen Reichs Ertz-Kaemmerer und Churfuerst / Souverainer Printz von Oranien / etc / Thun kund und fuegen hiermit zu wissen:

Nachdem wir bey jetzigem Getreyde Mangel wahrgenommen / daß die Zufuhre des Getreydes zu Wasser sowohl nach Unseren Residentzien als anderen Unseren an der Elbe / Spree und Oder gelegenen und Garnison haltenden Städten weit groesser seyn koente und wuerde / wenn es nicht an dessen dazu bequehmen Schiffs-Gefaessen bisher mercklich gefehlet haette.

Daher Wir auch genoethight worden / zu Tranportirung einer Quantitaet Getreydes und Mehls aus Unseren Stettin- und Cuestrinischen Magazinen die dazu erforderte Schiffe verschiedene mahl zu pressen.

Damit aber eines Theils diesem Mangel der Schiffs-Gefaesse um so eher abgeholffen / andern Theils auch das Mutuelle Commercium Unseres Koenigreichs Preussen und des Hetzogthumes Pommern mit Unseren Chur-Maerkischen und anderen Reichs-Landen über Stettin nach Magdeburg und anderen benachbarten Staedten auf dennen Fluessen der Oder / Spree und Elbe um so mehr befoerdert werden moege:

So wollen Wir allergnaedigst / daß nicht nur alle Unsere an jetztgedachte drey Flüsse gelegene Staedte / und die darin befindliche Kaufleute und Schiffer die Zahl der zu Transportirung des Getreydes tuechtigen Schiffs-Gefaesse auf gedachten Flessen so viel moeglich vermehren / sondern auch einen jeden Buerger / Kietzer und Einwohner in und bey den Wasser-Staedten / wo noch keine von Uns privilegirte Schiffergilden sind / frey stehen soll / ein und mehrere zu Abfuehrung des Getreydes und anderer Waaren bequehme grosse Kahne oder Schiffe bauen und verfertigen zu lassen.

Wie Wir dann denjenigen / welcher innerhalb den beyden ersten Jahren dergleichen neue Schiffs-Gefaesse / so wenigstens 16. Wispel Getreyde laden koennen / werden bauen und aufs Wasser bringen lassen / die Bau-freyheit nach der Taxe des neuen Schiffs-Gefaesses a 8. pro Cent aus der Accise-Casse des Ortes ihrer

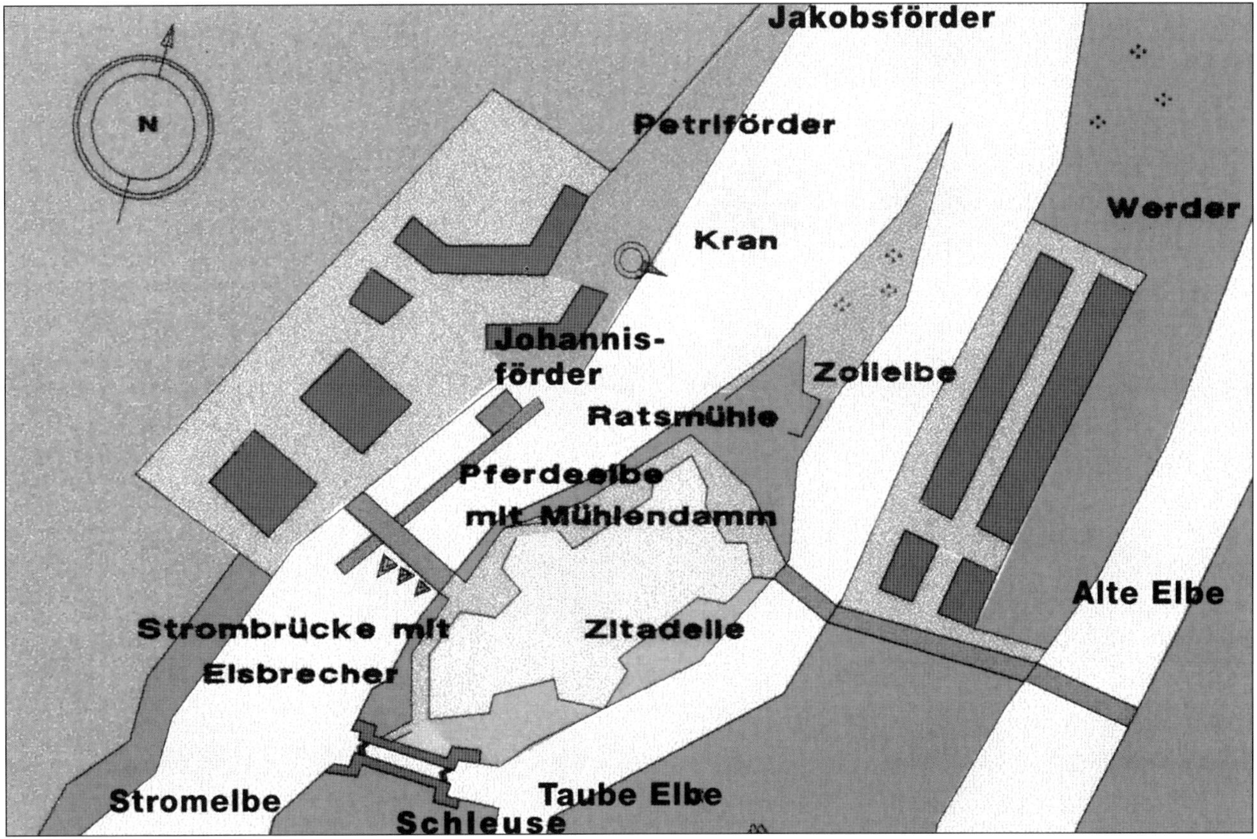

Die Magdeburger Schleuse an der Zitadelle 1765

Wohnung baar bezahlen / auch den Eigenthuemern solcher neuen Gefaesse die Freyheit von Einquartirung und Servis auf ein Jahr lang genissen lassen wollen.

Diejenigen aber / So nach Ablauf der beyden ersten Jahre und also in Anno 1722 erst ihre neuen Schiffs-Gefaesse aufs Wasser bringen / sollen zwar die Bau-Freyheit a 8. Pro Cent baar / nicht aber die Freyheit von Einquartirung und Servis bekommen.

Wir befehlen demnach allen Unseren Commissariaten und Steuer-Raethen / auch Magistraten und Accise-Einnehmern in Unseren an der Elbe / Spree und Oder belegenen Staedten hiermit in Gnaden / diese Unsere allergnaedigste Willens-Meynung denen Kauf- und Schiffs-Leuten auch gesamten Einwohnern und Kietzern jedes Ortes sofort gehoerig bekannt zu machen / und denen welche dergleichen neue Schiffs-Gefaesse wenigstens von 16. Wispel Getreyde Ladung wuerklich gebauet und aufs Wasser gebracht haben / die hierin verschriebenen Accise-Freyheits-Gelder nach der Taxe auf vorhergegangen allerunterthaenigsten Bericht zu zahlen / und der geordneten Exemption wuerklich geniessen zu lassen.

Und solchen uebrigens Unsere Commisariate in denen Provintzien / und Steuer-Raethe in der Chur-Marck Brandenburg alle halbe Jahre von den Success dieser Sache an Unseren General-Kriegs-Commissariat allerunterthaenigst Bericht abzustatten.

Uhrkundlich haben wir dieses Patent eigenhaendig unterschrieben / und mit Unserem Koeniglichen Insigel bedrucken lassen.

Berlin / den 23. Octobris 1719.

Fr. Wilhelm

7. Der Katzenbuckelkahn um 1800

Um das Jahr 1800 tauchten auf der Elbe die ersten gedeckte Schiffe auf, welche unter dem Magdeburger Schiffsherren Andreae in Fahrt waren. Dieser Christof Gottfried Andreae erbte in jungen Jahre das Schiff seines Lehrherren, des Schiffers Schwarzhaupt aus Magdeburg. Zwei Archen, zwei Schuten und mehrere Schaluppen kamen durch die Geschäftstüchtigkeit des jungen Mannes bald hinzu und mit neunundzwanzig Jahren war Andreae Großschiffer und Altermann der Magdeburger Reiheschiffahrt.

Gefahren wurde bis in die erste Hälfte des 19.Jh. mit dem rahegesegelten Frachtschiff. Bei guten achterlichen Wind wurde das große Rahsegel aufgezogen und zu Berg wie zu Tal gesegelt, wobei für die Talfahr mit dem beladenen Schiff die Hangabtriebskraft genutzt wurde. Das heißt, daß beladene Schiff fährt ohne eigenen Antrieb zu Tal und ist durch sein Eigengewicht schneller als die Strömung des Flusses. Durch die höhere Schiffsgeschwindigkeit gegenüber dem Strom konnte mit dem achterlich angebrachten Helmholzruder das Schiff gesteuert werden.

Fehlte der Wind oder war die Strömung des Elbstromes für ein tiefbeladenes Schiff zu groß, mußten die Schiffe getreidelt werden. Dieses Geschäft besorgten die Schiffszieher. Die Treidler übernahmen die Schiffe an bestimmten Stellen und zogen die Fahrzeuge über vorher mit dem Schiffsherrn abgesprochene Strecken. Die Schiffszieher galten zu dieser Zeit vielfach als Ausgestoßene der Gesellschaft. Zu Zeiten der Leibeigenschaft waren diese Männer aber auch niemandens Untertan. Man ließ sie auch in Freiheit, weil sie als Zugvieh der Schiffsherren und Kaufleute dienten, welche bei Nichtbeschäftigung keine Kosten verursachten. Bei besonders schwierigen Durchgängen wie die Magdeburger oder Meißener Brücke wurden extra Kolonnen und Leinenheber angemietet. In Dürrejahren war das Schiffsziehen aber auch für manches Elbdorf der einzige Broterwerb.

Das Schiff dieser Zeit, der Katzenbuckelkahn, war ein aus Holz gebauter Kaffenkahn. Der Name Katzenbuckelkahn ergab sich aus der eigenwilligen Formgebung der Laderaumabdeckung. Mittschiffs erhielt diese Abdeckung eine in Schiffslängsrichtung liegende Öffnung, welche das Einstellen eines Mastes ermöglichte.

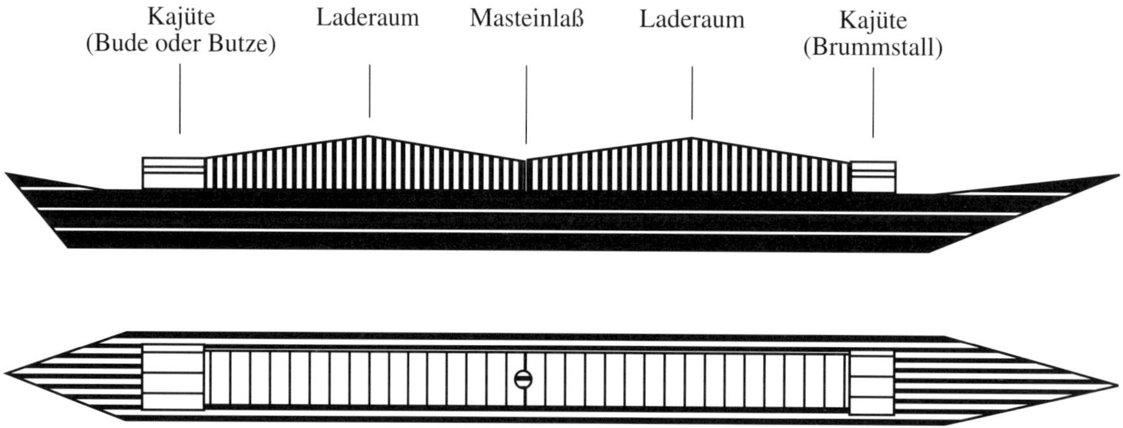

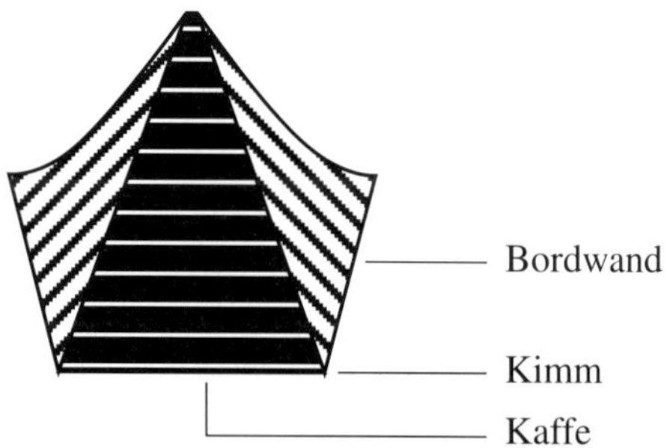

Die Mannschaft auf einem Katzenbuckelkahn: der Steuermann als Vertreter des Schiffsherren; der Zolläufer - er klarierte das Schiff an den einzelnen Zollstationen der Elbe; die Schiffsknechte - sie wurden für die jeweilige Reise unter Vertrag genommen; die Bootsleute - als ständige Besatzung; der Haupter (Lotse) und ein Kahnjunge - sie markierten die Fahrrinne in der Elbe; der Stockstrecker - er zog die Markierungen zur Wiederverwendung aus dem Wasser.

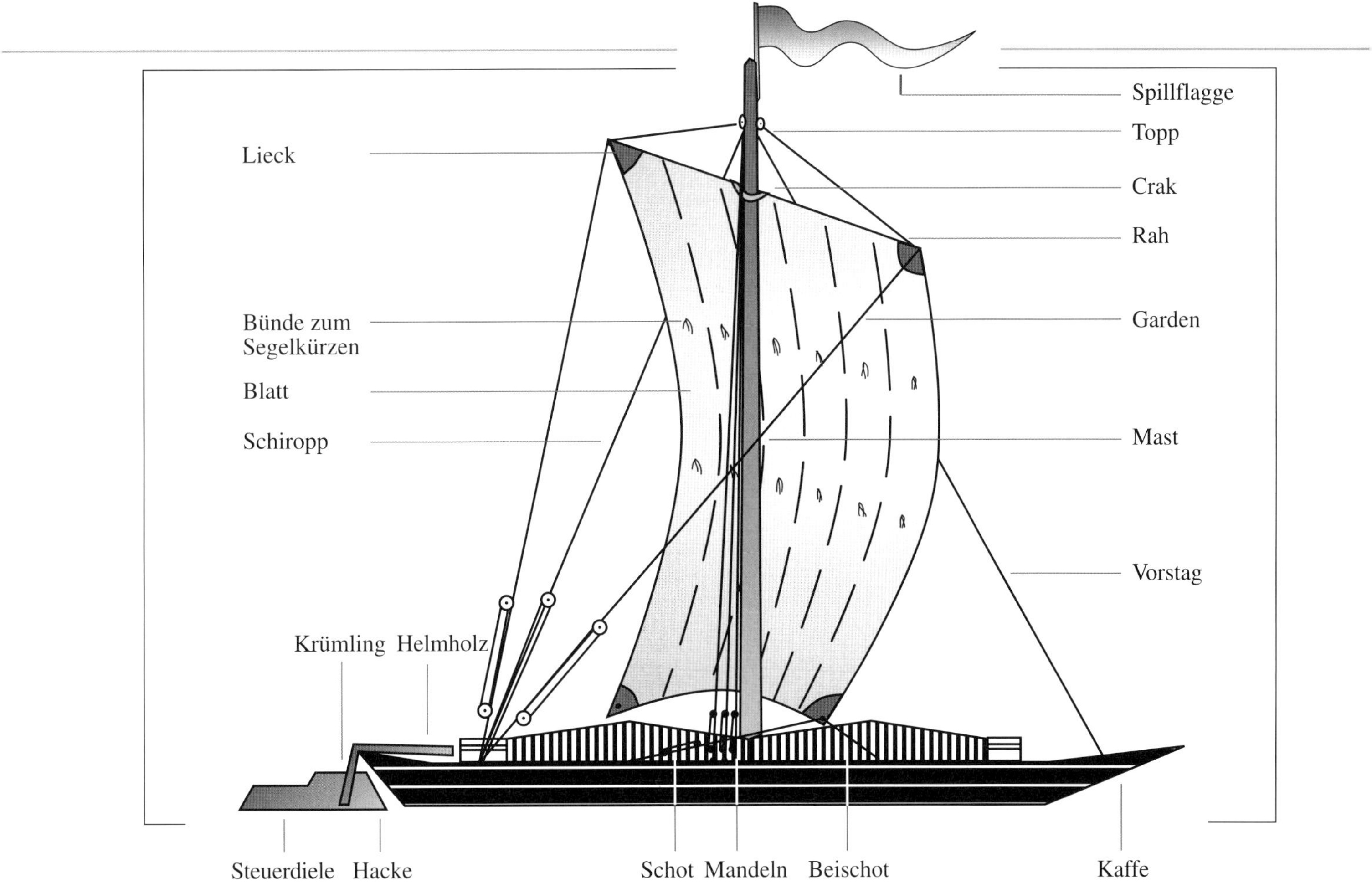
Spillflagge
Topp
Lieck
Crak
Rah
Bünde zum
Segelkürzen
Garden
Blatt
Schiropp
Mast
Vorstag
Krümling
Helmholz
Steuerdiele
Hacke
Schot
Mandeln
Beischot
Kaffe

Eine Besonderheit schiffbaulicher Art war die sogenannte Kaffe, welche als Verbindungsteil zwischen den Bordwänden an Bug und Heck des Schiffes diente. Eine Zeichnung veranschaulicht dieses nahezu dreieckige Bauteil.

Zum Aufziehen des großen Rahsegels diente die Crak, ein U-förmiges Bauteil, welches an der Rahe befestigt war und zur Führung derselben am Mast diente. Die Druck- und Kraftaufnahme zwischen dem Schiff und dem relativ hohen Mast wurde bei vollgeblähtem Segel durch die Schirropp gewährleistet. Die Bezeichnung Schirropp findet man nur im Binnenland und stammt sicherlich von „Schirren“ also von „dem Geschirr“ und von Reep also Tauwerk ab und ist mundartlich wiedergegeben. Die Mandeln (Wanten) und die Mandelstropps sicherten die Querstabilität des Mastes. Über die Vorstag konnte bei entsprechenden Windverhältnissen ein zusätzliches Segel gesetzt werden. Das Ausrichten der Segel am Wind geschah durch die an den Rahenden (Nock) befestigten Garden sowie an den unteren Segelenden angebrachten Schoten. Gesteuert wurde das Schiff mit einem Helmholzruder.

Der Katzenbuckelkahn war seinerzeit ein modernes Binnenschiff, welches den Ansprüchen der verschiffenden Kaufleute voll entgegenkam. Erstmals wurde die Ladung gegen die Wetterunbilden geschützt und somit die gesamte Transportqualität verbessert. Das Schiff hatte eine Länge von 180 Fuß (56 m) und eine Breite von 20 Fuß (6,20 m). Der Katzenbuckelkahn war der Beginn der Laderaumabdeckung in der Elbeschiffahrt.

Bereits in der zweiten Hälfte des 19. Jahrhunderts setzte sich mit Beginn des Eisenschiffbaus das Schrägdeck durch, welches entsprechende Neuerungen im Schiffbau mit einschloß.

1617	wird von einer Teilung der Elbe bei Salbke nach einem Hochwasser berichtet. Die darauf hin entstandene „kleine Elbe“ wird 100 Jahre später nicht mehr erwähnt.
1631-1639	werden Pfahlwerke in die Stromelbe gerammt, um die Stadt bei Hochwasser und Eisgang vor der Elbe zu schützen.
1635	Der Rat bestätigt die Privilegien der Magdeburger Schifferbrüderschaft.
1648	werden im Magdeburg 14.000 Wispel Getreide verschifft.
1650	betrugen die Einnahmen aus dem Elbzoll in Magdeburg 2.357 Taler.
1655	werden die in den 30er Jahren gerammten Pfahlwerke wieder aus der Elbe gezogen.
1666	gelang es Otto von Guericke, die im 30-jährigen Krieg zerstörte „Lange Brücke“ wiederaufzubauen.
	In diesem Jahr wurden 26.000 Wispel Getreide verschifft.
	Seit dem Mittelalter wird die Fähre in Westerhüsen in den Urkunden erwähnt.
1672	erfolgt die Erarbeitung des Entwurfes der Magdeburger Elbvisitationsordnung, wobei große Archen und Schuten, Mittelarchen und Gellen sowie kleine Archen als Schiffstypen Erwähnung finden.
1680	fiel Magdeburg durch den Westfälischen Frieden von 1648 an Kurbrandenburg, verlor damit seine Selbständigkeit, erwarb aber andererseits auch Vorteile:
	Magdeburg hatte seit 1618 seine Elbzölle derart erhöht, daß der Kurfürst von Brandenburg seinen Einfluss geltend machte, und Hamburger sowie Dresdner Kaufleuten verbot, Korn auf Magdeburger Schiffe zu verladen. Nun - da Magdeburg kurbrandenburgisch war - verlieh der Kurfürst der Stadt das Recht als einzige von Magdeburg bis Tangermünde Korn zu verladen. Das bedeutete für die Stadt eine neue wirtschaftliche Blüte.

1686	Bau eines Sperrdammes von der Rothehornspitze zum Prester'schen Deich, um die Stromverhältnisse in Stadtbereich zu verbessern.
1697	arbeiten insgesamt 23 Schiffsmühlen unterhalb der Magdeburger Strombrücke im Elbstrom.
	63.947 Wispel Getreide passieren Magdeburg, wobei die verbesserten Schiffahrtsbedingungen auf der Saale, durch die Schleusenneubauten von Halle zur Saalemündung wesentlich beitrugen.
Ende 17.Jh.	In Magdeburg sind zeitweise bis zu 90 Schiffe registriert. 23 Schiffer betrieben etwa 40 Schuten und bis zu 50 kleinere Kähne.
1700	Die Einnahmen aus dem Elbzoll betragen 4.105 Taler.
1705	schloß man die „Röste“, ein Wehr an der Rotehornspitze, um mehr Wasser an die Stadt fließen zu lassen.
1710	Bau einer neuen Strombrücke mit schmalen, für die Schiffahrt hinderlichen Durchfahrten.
1726	Friedrich Wilhelm I. erteilt der Schifferbrüderschaft das Privileg zur Durchführung der Schiffahrt in Preussen.
1728	wird ein Elbpegel an der damaligen Strombrücke erwähnt, über den aber keine kontinuierlichen Aufzeichnungen vorliegen.
1729-1730	Bau des „Alten Packhofes“ nach Entwürfen des Architekten Preußer. Das schloßartige Gebäude diente der Aufnahme der Transitwaren, welche aufgrund des Stapelrechtes zum Verkauf ausgelegt werden mußte.
1738	Privilegerteilung des preußischen Königs an den Magdeburger Schiffsbaumeister.
1740	Bau eines Durchstiches im Lostauer Elbebogen um dem natürlichen Mäandern der Elbe entgegenzutreten und so die Stromführung in diesem Abschnitt zu verbessern.

1743-1747	wird auf Befehl Friedrich II. die Magdeburger Schleuse durch das damals für Strombaumaßnahmen verantwortliche Fähramt gebaut. Die Bergschiffahrt passierte Magdeburg über die damalige Mittelelbe (heutige Zollelbe und den Winterhafen), die Schleuse und erreichte den Elbstrom unterhalb des Domfelsens. Eine Einbuchtung der Ufermauer auf dem rechten Elbufer zeigen heute noch die Lage der Schleuse an. Damit wurde die gefährliche Passage der Strombrücke sowie der unterhalb der Brücke liegenden Schiffsmühlen umgangen, welche ein Segeln oder Treideln der Schiffe äußerst schwierig gestalteten. Die Schleuse hatte eine Länge von 250 Fuß (75 m) und war 24,5 Fuß (8 m) breit. Das Gefälle betrug 20 - 24 Zoll.
1743-1745	Bau des 32,6 km langen Plauer-Kanals auf Befehl des Kurfürsten von Brandenburg. Der Kanal zwischen dem Elbort Parey und dem Havelort Plaue verkürzte den Schiffahrtsweg zwischen Magdeburg und Berlin um rund 150 km. Die Probefahrt zur Eröffnung des Kanals wurde mit einem Salzschiff durchgeführt. Das Schiff hatte 44 Lasten Salz der Saline Schönebeck für Berlin geladen. Die Abmessungen des Schiffes betrugen: Länge 39,30 m, Breite zwischen den Bordwänden 6,60 m, Tiefgang bei 44 Lasten 1,25 m.
1748	wird die sogenannte „Reiheschiffahrt" eingeführt. Die Schiffe werden ab dieser Zeit gemäß ihres Eintreffens abgefertigt.
1749	waren 45 Schiffe der preußischen Salzflotte fertiggestellt. Mit den Bau dieser Serie wurde 1747 durch den „Ober-Schiffs-Commissarius" von Schwarzmann aus Regensburg begonnen. Die Schiffe wurden als Kaffenkähne gebaut und hatten eine Länge von 31,40 - 36,10 m, eine Breite von 4,40 - 5,30 m, die Raumtiefe betrug etwa 1,10 m. Die Schiffe transportierten Salz aus der Schönebecker Saline Richtung Berlin und auf den Rückweg Brennholz.
1753	richtet die Magdeburger Schifferbrüderschaft eine Schiffswerft an der Langen Brücke ein.
1756	Sind in Magdeburg 250 Fahrzeuge registriert. Davon etwa 45 Gellen und Schuten, sowie etwa 150 Kähne.

1768	ernährten sich „*...mehr als 1.600 Mann als Schiffer, Kahnfahrer und Schiffsleute, die mit Ihren Familien, den Schiffbauern, den Schiffsmaterialhändlern u.s.w. einen unübersehbaren Chor ausmachen...*“ von der Elbeschiffahrt.
um 1770	zahlte der Schiffsherr an Zug- und Schiffsknechte einen vorgeschriebenen Lohn von dreieinhalb bis fünf Taler nebst freier Beköstigung für eine Reise Magdeburg - Hamburg.
1772	erteilt Friedrich II. der Schifferbrüderschaft ein Reglement zur Ausübung ihres Gewerbes.
ab 1775	mußte jedes Schiff gemäß einer Magdeburger Verfügung auf seine Sicherheit kontrolliert werden.
1777	Am 13. Januar wird durch Eisgang bei Westerhüsen eine Schiffsmühle abgerissen und stromabwärts getrieben. Beim Passieren der Strombrücke wird das Dach der Mühle abgerissen und die Mühle treibt unter Mitnahme einer weiteren in der Nähe des Packhofes liegenden Schiffsmühle auf die dort überwinternden Schiffe und Mühlen zu. 47 große Elbkähne, 53 Zoll- und Müllerkähne und 8 Schiffsmühlen werden fortgerissen und zertrümmert. Der entstandene Schaden wird auf 60 - 80 Tausend Taler geschätzt
1781	waren in Magdeburg 270 Fahrzeuge registriert, davon 24 Gellen, sechs Schuten sowie etwa 215 Kähne.
1786-1787	Bau des Durchstiches im Rothenseer Elbbogen.
1794	waren in Magdeburg 374 Fahrzeuge registriert, davon 10 Gellen, eine Schute und 358 Kähne.
	Im gleichen Jahr werden zwei „Verdeckte Jachten“ durch die Schifferbrüderschaft in Betrieb genommen. Die Schiffe waren leicht gebaut und trugen nur 8 - 15 Lasten. Die Ladung war durch ein Deck aus Leinwand geschützt. Mit diesen Schiffen konnte die Reisezeit verkürzt werden und alle 14 Tage eine Abfahrt von Magdeburg nach Hamburg erfolgen. Nach einjähriger Probezeit wurden die „Verdeckten Jachten“ zur ständigen Einrichtung.

1798 betrugen die Einnahmen aus dem Elbzoll 11.648 Taler.

Der Schiffbaumeister beschäftigt 3 Gesellen und einen Lehrling.

Ende 18. Jh. waren 23 Schiffer und etwa 90 Kahnfahrer in der Magdeburger Schifferbrüderschaft zusammengeschlossen.

Man unterschied zu dieser Zeit die verwendeten Elbeschiffe hinsichtlich ihrer Größe und Tragfähigkeit in:

Große Arche	mit einer Tragfähigkeit	von über 70 Wispel
Mittlere Arche	mit einer Tragfähigkeit	30 - 70 Wispel
Kleine Arche	mit einer Tragfähigkeit	bis zu 30 Wispel
Der **Wispel**	stellte ein Hohlmaß zu 1.319 Liter dar.	

Der Preis für ein Schiff lag zwischen 500 bis 800 Taler. Die Bezeichnung der Schiffe war in dieser Zeit längs des Stromes recht unterschiedlich. Je nach Mundart des Territoriums wurden sie als Archen, Schuten, Kähne, Zillen, Quaken u. a. bezeichnet.

Aus dem Magdeburger Raum sind uns:

Schuten	von 40 - 60 Lasten
Gellen	von 20 - 25 Lasten
Quaken	von 8 - 10 Lasten überliefert.

Die Schiffslast betrug etwa 2 Tonnen. Die großen Schiffe hatten Längen von 60 - 120 Fuß (ca. 20 - 40 m), Breiten von 8 - 16 Fuß (ca. 2,5 - 5 m), Tiefgang vom 3 - 5 Fuß (ca. 1 - 1,5 m). Da eine einheitliche Systematik der Schiffstypen bis dahin nicht vorlag, konnte ein „Großes Schiff“ also auch eine Schute oder eine große Arche sein. Die Fahrzeuge waren bis dahin meist offene Schiffe ohne Deck und die Ladung wurde zum größten Teil im Faß, im Sack, in der Kiste oder als Ballen transportiert.

1806 sprengten die Franzosen die „Röste“ von 1705.

1812 erfolgte die Installation eines Elbpegels in Magdeburg. Seit dieser Zeit wird der Elbwasserstand täglich gemessen.

1814-1815 tagte der Wiener Kongress und legte unter anderem auch die Rahmenbedingungen für die zukünftige Elbeschiffahrt fest. Die Wiener Kongressakte bezieht sich in den Artikeln 108-117 auf die internationale Flußschiffahrt. Der Artikel 109 betrifft die „Freiheit der Schiffahrt“, in dem jeder Fluß bis zur Mündung frei ist und der Handel niemanden untersagt werden darf. Der Artikel 113 regelte die Arbeiten am Fluß. Jeder Uferstaat wurde verpflichtet, auf seinem Gebiet die Unterhaltung der Leinpfade für die Schiffszieher, sowie Arbeiten am Strombett vorzunehmen.

Rekonstruktionsversuch eines Elbkahns vom Autoren.

Von 1815 bis 1900

Mit der Neuordnung Europas nach dem Sturz Napoleons 1814 wurde auch der Elbverkehr durch die Beschlüsse des Wiener Kongresses von 1815 belebt. Die sogenannte Additional-Akte von 1821 brachte für die Schiffahrt den erhofften Durchbruch hinsichtlich des Elbausbaus und der Abschaffung der Zollstellen. Durch den Aufbau einer zentralen Elbstrombauverwaltung konnte die Kleinwasserregulierung ab 1866 im gesamten Elbegebiet vorangetriebenwerden.

Ab 1817 setzte sich das Dampfschiff im Personen- und Frachtverkehr durch. Mit der Einführung der Kettenschiffahrt ab 1866 konnten die bis dahin gesegelten und getreidelten Schiffe geschleppt werden und ermöglichten damit der Schiffahrt bessere Bedingungen im Konkurrenzkampf mit der Eisenbahn. Aber nicht nur die Schiffe verwandelten das Bild auf der Elbe. Zollstellen wurden abgeschafft, die Schiffsmühlen verschwanden vom Strom, moderne Brücken überspannten die Elbe und eine Reihe von leistungsfähigen Hafenanlagen entstanden.

Mit der Einführung stärkerer Kessel- und Dampfmaschinen kamen ab 1880 moderne, frei fahrende Schleppdampfer mit Seitenrad- oder Heckradantrieb zum Einsatz, welche infolge die Kettenschleppschiffahrt ablöste. Neben den Umschlagstellen an den Packhöfen am linken Elbufer der Stadt wurde bald der Zollhafen verstärkt durch die Schiffahrt genutzt.
Als der Zollhafen aufgrund fehlenden Geländes und des Nichtvorhandensein eines Gleisanschlusses den Anforderungen der modernen Wirtschaft nicht mehr genügte, wurde 1893 der Handelshafen auf dem Agneswerder gebaut.

Bereits 1875 wurde die sogenannte Magistratsstrecke zwischen der Hubbrücke und der Sülzemündung von verschiedenen Umschlagbetrieben genutzt.

8. Die Elbschiffahrtsverträge von 1821 und die Eichung

Die Elbschiffahrtsakte von 1821 sah eine Einteilung der Schiffe in vier Größenordnungen vor, nach denen die Gebühren erhoben wurden. Eine Eichung der Schiffe erfolgte aber noch nicht. Allerdings wurden in den Ergänzungen der Akte von 1824 für die Vermessung der Elbeschiffe ein einheitliches Formular angeordnet. Das Ergebnis der Vermessung wurde in ein Schiffsmanifest eingetragen und zusammen mit dem Meßbrief den Schiffspapieren zugeordnet. Auf eine einheitliche Schiffseichung konnten sich die Elbuferstaaten nicht einigen. Eine Ursache lag in den wechselnden Elbwasserständen mit langanhaltenden Niedrigwasserperioden, der seine Berücksichtigung in der besonders leichten Bauart der Schiffe fand, die sich bei großer Ladung durchbogen und somit die Fachleute vor große Probleme stellte. Zum anderen in dem engstirnigen Egoismus einiger auf ihren Vorteil bedachten Uferstaaten wie Hannover und Mecklenburg, die eine Änderung des Zollverfahrens auf der Elbe ablehnten und an ihren „alten Rechten“ festhielten. Die Eichung brachte keine genaue Erfassung der zollpflichtigen Waren. Zur Erhebung der wenig erträglichen Schiffsgebühr genügte eine annähernde Bestimmung der Tragfähigkeit der Schiffe.

Zu Beginn des 19. Jahrhunderts erschwerten ca. 25 verschiedene Maßsysteme den zwischenstaatlichen Verkehr der deutschen Länder. Bezeichnend ist ein Versuch Preußens mit einer Cabinettsordre im Jahre 1815 eine besondere „Schiffslasten-Größe“ anzuordnen, nach deren Vorgaben die Vermessung der Schiffe und Berechnungen der Abgaben erfolgen sollte. Dieses Maß sollte 4.000 Berliner Pfund oder 50 Berliner Scheffel Roggen, der Scheffel zu 80 Pfund betragen. Erst 1871 setzte sich mit der deutschen Reichsgründung das metrische System durch.

Das Prinzip der Wasserverdrängung kam bei dieser Eichform nicht zur Anwendung. Eine österreichische Eichordnung von 1869 sah die kubische Vermessung des Schiffes und die Feststellung der Tragfähigkeit nach dem Gewicht des verdrängten Wassers vor. Dasselbe geschah in Preußen 1872.

Erst die Eichordnung von 1899 regelte endgültig die Vermessung der Schiffe und die Berechnung der Tragfähigkeit. Die Eichordnungen von 1913, 1919 und 1921 vervollkommneten die zur Anwendung gebrachten Methoden und Verfahren. Mit der Europäischen Eichkonferenz 1925 in Paris wurden zur Schiffseichung endgültige Beschlüsse gefaßt, denen sich fast alle binnenschiffahrttreibenden Staaten Europas anschlossen.

Am Johannisförder liegen Katzenbuckeldeckkähne, am rechten Bildrand fährt der Dampfer „Stadt Magdeburg“ zu Tal. Hinter dem Dampfer befindet sich ein Kahn mit Rahsegel. Im Vordergrund sind vier in der Elbe verankerte Schiffsmühlen zu sehen.

9. Magdeburgs Lage nach Abschaffung von Stapel und Elbzoll

„Nach langen Verhandlungen bestimmte die in Dresden am 23. Juni 1821 abgeschlossene Elbschiffahrtsakte, daß die Elbschiffahrt ohne jegliche Entschädigung freigegeben werden sollte. Dadurch verlor Magdeburg dem Gesetz nach alle Zolleinnahmenaus dem Elbverkehre. Dennoch gab Francke die Hoffnung, eine staatliche Entschädigung für den Verlust der städtischen Rechte zu erlangen nicht auf. Wiederholt schilderte er dem ihm wohlgesonnenen Könige Friedrich Wilhelm III. die folgenschweren Schäden, die Magdeburg durch die Aufhebung der Binnenzölle erleiden würde. Diese Ausdauer blieb nicht ohne Erfolg. Eine Kabinettsordre vom 18. Mai 1822 bestimmte, daß Magdeburg für den Verlust seiner Elbzölle vom Staat eine jährliche Rente in Höhe von 26.117 Talern sowie für den Wegfall des Rottersdorfers Landzolles – Zölle von allen Waren, die mit Geschirr nicht durch, sondern um die Stadt herum befördert wurden – ein jährliches Entgelt von 134 Talern und 24 Silbergroschen erhalten solle. Leider gelang es nicht, für den Ausfall der recht beträchtlichen Einnahmen aus der Stapel- und Niederlagegerechtigkeit eine Entschädigung zu erlangen. Der Staat bewilligte im Jahre 1842 Magdeburg anstatt der jährlichen Rente eine einmalige Ablösesumme für die Elbzollrente in Höhe von 652.925 Talern und für den Rottersdorfer Landzoll eine solche von 3.595 Talern, insgesamt etwa 1.969.560 Mark.

Die vom Staate bewilligte Summe reichte aber bei weitem nicht aus, um Magdeburg für das ihm durch die Dresdener Akte auferlegte Opfer schadlos zu halten; klagt doch 1836 Oberbürgermeisters Francke in einem Bericht an die Behörde in beweglichen Worten:

„Es sind noch nicht 20 Jahre her, als Magdeburg seine Handelsverbindungen über ganz Sachsen, über die sächsischen Fürstentümer, über einen großen Teil des ehemaligen Reiches, über die Lausitz und Böhmen, ja bis nach Wien und über Wien hinaus nach Innsbruck und Bozen verbreitete. Seit dem Eintritt der Elbschiffahrtsakte und dem Verlust seines Stapels ist ihm aber nichts geblieben, als seine Verbindung mit dem Königreich Sachsen, mit dem thüringischen Verein und einem kleinen Teile des nördlichen Bayern. Ein Fuhrmann aus Wien ist hier seit langer Zeit nicht gesehen worden. Böhmen bezieht direkt und wohlfeiler von Hamburg oder über die Weser und den Rhein, und die Lausitz und die mit Preußen vereinigten ehemals sächsischen Ämter Jüterbogk, Dahme und Buckau, mit welchen Magdeburg früher in lebhaftem Verkehr stand, versorgen sich über Potsdam und Berlin; kurz der Handel Magdeburgs hat so bedeutend an Feld und an Absatz überseeischer Produkte verloren, daß ernste Besorgnisse laut werden und nur völlig gerechtfertigt erscheinen.“

(aus: Magdeburg im Wandel der Zeit - Geschichts- und Kulturbilder aus dem Werdegang Magdeburgs von W. Leinung und F. Müller, Heinrichshofen Magdeburg 1910)

10. Die Magdeburger Dampfschiffahrts-Compagnie 1838

Johann Friedrich Andreae
einer der größten Magdeburger Schiffseigner; Mitbegründer und „Motor“ der Magdeburger Dampfschiffahrts-Compagnie

W. Holtzapfel
Inhaber des Speditionsgeschäftes Mathée und erster kaufmännischer Direktor, bis 1848 erster Verwaltungsdirektor der Vereinigten Hamburg-Magdeburger Dampfschiffahrts-Compagnie

Alfred Tischbein
Ingenieur und erster techn. Direktor von 1838 bis 1849

Auszug aus der Jubiläumsschrift der Maschinenfabrik Buckau R. Wolf aus dem Jahre 1938:

„Am 18. Juli 1838 wurde das erste Statut der Gesellschaft unterzeichnet und dieser Tag als Gründungstag der Firma festgelegt. Der Geschäftsbetrieb bestand aber schon seit Anfang 1837. Es besaßen damals mündliche Abmachungen unter guten Bekannten fast denselben Wert wie schriftliche Festsetzungen, und ein großes Vertrauen bestand unter den Gründern, denn die Gesellschaft unternahm bis 1842 nichts, um Korporationsrechte zu erlangen; man ließ vielmehr die Direktoren noch unter ihrem eigenen Namen Grundbesitz erwerben oder veräußern. (Die Firmengründer waren: Friedrich Andreae - Schiffseigentümer; Jean Jacques Cuni - Stadtrat und Erster Vorsitzender der Kaufmannschaft; F. C. Eichel - Kaufmann; A. Morgenstern - Kaufmann Fa. Morgenstern & Co. und Königl. Bayr. Konsul; Peter Andreas Buhlers - Kaufmann; W. Deneke - Kaufmann in der Fa. Morgenstern, C. F. Koch - Kaufmann und Schiffsherr; Carl Oeltze - Kaufmann; Chr. Ludwig Zuckschwerdt - Fa. Zuckschwerdt & Beuchel Großhandel und Spedition; W. Holtzapfel - Inhaber Fa. W. Mathée)

Als Firmennamen wählte man die Bezeichnung: »Magdeburger Dampfschiffahrts-Compagnie«. Vom Magistrat der Stadt hatte man sich im und am Packhof, der mitten in der Stadt an der Elbe liegt, einige Räumlichkeiten und einen Arbeitsplatz geben lassen, der noch durch ein Floß in der Elbe vergrößert wurde. Hier setzte man das erste Schiff zusammen. Die Dampfmaschine ließ man sich von der Schiffswerft in Fijenoord, der früheren Wirkungsstätte Tischbeins, schicken. Den Kessel baute man selbst. Der Dampfer wurde noch 1837 fertiggestellt, kam aber in diesem Jahre nicht mehr zum Auslaufen. Die Maschinenanlage soll fast 2/3 des Schiffsraumes eingenommen haben. Der Kessel hatte eine äußere Feuerung und war noch mit einer Einmauerung versehen. Es dauerte einige Zeit, bis man sich für Schiffsbauten von den Vorbildern freimachte, die die bestehenden Anlagen auf dem festen Lande gaben. In der Frühzeit des Dampfschiffbaues hatte man sogar die gemauerten Schornsteine übernommen.

Zum kaufmännischen ersten Direktor wurde einer der Gründer, W. Holtzapfel, bestellt, der sich ausbedungen hatte, seine Warengeschäfte noch beizubehalten. Die Gründer schienen sich noch keine rechte Vorstellung davon zu machen, was für eine große Aufgabe es war, ein solches Unternehmen aufzubauen, sonst hätten sie wohl kaum zugestimmt, daß ein Kaufmann sich die Leitung des Unternehmens nebenbei aufbürdet. Einer der tätigen Gründer war der Großschiffer Johann Friedrich Andreae, der um diese Zeit bereits 50 Kähne auf der

Elbe zu schwimmen hatte. Mit Tischbein zusammen reiste er nach Böhmen, um dort die richtigen Hölzer für die Schiffe einzukaufen, denn an eiserne Schiffe dachte man zunächst nicht. Andreae und Tischbein scheinen die beiden Männer gewesen zu sein, die das Geschäft vorwärtstrieben, die ganz und gar von dem neuen Lebenswillen beseelt waren, der die Deutschen erfüllte.

Dampfschifffahrt.

Um mehrfachen Anfragen zu begegnen, benachrichtigen wir hierdurch die Theilnehmer der Magdeburger=Elb=Dampfschifffahrts=Gesellschaft, daß das von uns zu erbauende erste Dampfboot sich in voller Arbeit befindet und hoffentlich schon Mitte August d. J. ins Wasser gelassen werden wird Hiermit verbinden wir zugleich die angenehme Mittheilung, wie die rühmlichst bekannten Kenntnisse und Erfahrungen des in diesem Fache höchst ausgezeichneten Herrn Röntgen zu Rotterdam und die Tüchtigkeit des Hrn. Ingenieur Tischbein, welcher, nach dem Princip des Herrn Röntgen und mit Benutzung seiner patentirten, sich auf dem Rhein so sehr bewährten Dampfmaschine, den Bau hier unter unsern Augen bewerkstelligt, uns täglich mehr die Ueberzeugung gewähren, daß dieses Dampfboot die Schwierigkeiten glücklich besiegen wird, die bis jetzt noch kein Dampfboot beym niedrigen Wasserstande der Elbe zu überwinden vermochte.

Die für diesen Fall verabredete bedeutende Erweiterung unseres, mit Vorsicht begonnenem aber mit desto größerem Nachdruck alsdann zu verfolgenden Unternehmens, dürfte daher wohl kaum mehr einem Zweifel unterliegen.

Der Verwaltungs=Rath der Elb=Dampfschifffahrts Comp.:

W. Holtzapfel. C. F. Koch. Fr. Andreä. C. L. Zuckschwerdt. Wilh. Deneke.

Das erste in Magdeburg gebaute Dampfschiff wird angekündigt

Das Grundkapital war festgesetzt auf 200.000 Taler in 8.000 Aktien zu je 25 Taler. Anfänglich wollte man nur 60.000 Taler zusammenbringen, d. h. die Baukosten für zwei Dampfschiffe einschließlich des Betriebskapitals zur Aufnahme der Schiffahrt. Der Ingenieur Tischbein hatte die Kaufleute aber dafür erwärmt, den ganzen Plan zu erweitern und außer der Werft noch eine Maschinenfabrik für den Bau von Dampfmaschinen und Dampfkesseln zu errichten. Für die letztere brauchte man mehr Platz , als in der Stadt Magdeburg erhältlich war. Also kaufte man in Buckau oberhalb der Sülze, da wo noch heute unsere Fabrik in der Schönebecker Straße steht, ein Ackerstück von der Kloster-Berge-Stiftung. Dort wurde zunächst eine bescheidene Werkstatt (die »Alte Bude«) errichtet und, nachdem man die Sülze bis zu ihrer Einmündung in die Elbe schiffbar gemacht hatte, auch die Werft neu aufgebaut.

Aus den ersten Jahren des Bestehens der Gesellschaft sind kaum noch Aufzeichnungen vorhanden. Wir können nur feststellen, daß der erste Dampfer, der »Kronprinz von Preußen«, am 16.8.1837 vom Stapel lief und seine erste Reise am 4. Mai 1838 von Magdeburg nach Hamburg antrat. Einen zweiten Dampfer nannte man »Paul Friedrich - Großherzog von Mecklenburg«, während man dem dritten Schiff, das ganz aus eigenem

Magdeburgische Zeitung.

Im Verlage der Faber'schen Buchdruckerey (Redacteur F. H. A. Faber.)

192. Stück. Freytag, den 18. August 1837

Magdeburg, vom 17. August.

Ehegestern Nachmittag um 4 Uhr wurde das von hiesiger Dampfschifffahrts-Gesellschaft, unter Leitung des Ingenieurs Herrn Tischbein, erbaute erste Dampfschiff „Kronprinz von Preußen" vom Stapel gelassen. Wenn man die außerordentlichen Vortheile, welche, in letzterer Zeit, sich aus der Dampfschifffahrt auf dem Rheine für den dortigen Handel ergeben, und den durch diese Schifffahrt hervorgerufenen regen und blühenden Verkehr ins Auge faßt, so konnte das hiesige Unternehmen, um gleiche Vortheile für die Elbe zu erzielen, nur allgemeine Theilnahme im Publikum erwecken, und nichts war natürlicher, als daß sich von allen Seiten der Wunsch aussprach, der Bau des ersten Dampfschiffes möge auf das Erfolgreichste beendet werden. So waren denn auch ehegestern die Ufer des Elb-Arms, an dem der Schiffsbauplatz liegt, mit Tausenden von Zu-

Prüfung sich so überzeugend herausstellt, dem Wasser überwiesen war, wurde der Tiefgang desselben ermittelt, und es ergab sich, daß solcher nur 6 1/2 Zoll Rheinländisch betrug, obgleich der innere Ausbau, bis auf die Einsetzung der Kajüten, schon vollendet ist. Hiernach ist zu berechnen, daß das Schiff, nachdem es die Maschine und den Kessel aufgenommen, mit Feuerungsmaterial, Wasser und Allem, was zur vollständigen Instandsetzung desselben erforderlich, versehen ist, nur 16 bis 17 Zoll Wasser ziehen wird und daher seinem Zwecke, bey jedem, auch dem niedrigsten Wasserstande der Elbe gebraucht werden zu können, vollkommen entsprechen muß. Das Dampfschiff ist 125 Fuß auf dem Wasserspiegel lang und 15 Fuß breit und wird eine von dem Herrn Röntgen in Rotterdam erfundene und nicht allein in Holland, sondern auch in England und Preußen patentirte Expansions-Maschine erhalten, welche bereits auf den Rheinischen Dampfschiffen mit

Der Stapellauf des „Kronprinz von Preußen" 1837

Werk stammte, den Namen der Vaterstadt »Stadt Magdeburg« gab. Die Fahrt von Magdeburg nach Hamburg war nunmehr auf 16 Stunden verkürzt. Bergwärts brauchte man 40 Stunden, während Segelschiffe oftmals erst nach Wochen in Magdeburg anlangten. Für die Reisenden nach Hamburg bedeutete das eine große Erleichterung, denn die schnellste Eilpost nahm noch 36 Stunden in Anspruch und kostete 15 Taler, während der Preis in der I. Klasse auf den Schiffen nur 10 Taler betrug."

(weiter siehe Vereinigte Hamburg Magdeburger Dampfschifffahrts-Compagnie)

11. Das Dampfschiff „Stadt Magdeburg“ 1839/40

Es war das erste in allen Teilen in Magdeburg gebaute Dampfschiff. Vorher bezog man die Maschinen aus England oder Holland. Die „Stadt Magdeburg“ war ein kombiniertes Personen- und Güterschiff (mit eigenem Laderaum) – wurde aber auch als Schleppschiff eingesetzt. Die Maschinenleistung betrug 75 PS.

Erste Lustfahrt der „Stadt Magdeburg“ am 20. April 1840

„Die erste Lustfahrt des von der verehrlichen Dampfschiffahrts-Compagnie erbauten dritten Dampfschiffes »Die Stadt Magdeburg« ist nun vor sich gegangen. In der frühesten Stunde des Tages waren die Theilnehmer an der die froheste und heiterste Stunden versprechenden Fahrt zum Einschiffungsplatze des Dampfschiffes zusammengeströmt. Es war ein stolzer und stattlicher Bau, vom milden und freundlichen Glanze der Jungfrau bestrahlt, ein Bau, wie ihn in der Art noch kein Auge wieder gesehen. Wieviel der unerschöpfliche Spürsinn des Herrn der Schöpfung zur Bequemlichkeit des Lebens ersonnen, nichts schien hier vergessen und versäumt, Ordnung und Schönheit, und Zweckmäßigkeit hatten sich hier freundlich die Hand geboten, um mitten auf dem Spiegel des gefährlichen Elementes einen dahin schwebenden Zaubertempel hervorzurufen.

»O Heil den würdigen Männern«, so tönte es in jeder Brust, die so Großes und Schönes ersonnen, »so Freundliches dem holden Genius der Ordnung und des Frohsinns geweiht haben«. Und wie stimmte in diesen Jubel der Herzen der laute Jubel der Anwohner ein, die hier und da dicht gedrängt die Ufer bedeckten, wie übertönte ihr freudiges Hurrah-Geschrey den Donner des Geschützleins, welche sie nachbarlich freundlich begrüßte. Das freundliche Dessau hatte seine biederen Bewohner zum herrlichen Willkommen gesandt; aus tausend Kehlen erscholl ihr Hurrah und die am Ufer aufgestellte treffliche Herzogliche Militair-Musik gab dem Willkommen die Weihe der Gemütlichkeit. Es war in der That ein überraschender und höchst freundlicher Empfang, dessen Andenken in aller Brust lange noch fortleben wird.

Um 5 1/4 Uhr schied die »Stadt Magdeburg« von Dessaus freundlichen Ufern. Die schnelle Rückreise würzten auf dem Verdeck und in den inneren Räumen die Freuden harmloser gemüthlicher Geselligkeit und für Manche noch viel zu früh landete das Schiff um 9 Uhr Abends am Ufer des heimischen Rothenhorn. Die Lust war vorrüber und die Töne der Freude waren verklungen - denn so soll es ja einmal seyn im Lande der Vergänglichkeit, - wir aber sagen, unwillkürlich ergriffen von den unaufhaltsam rollenden Speichen des Weltrades: »O großes Jahrhundert, Großes hast du schon geboren, aber noch Größeres ruht in Deinem Schooße!!!«“

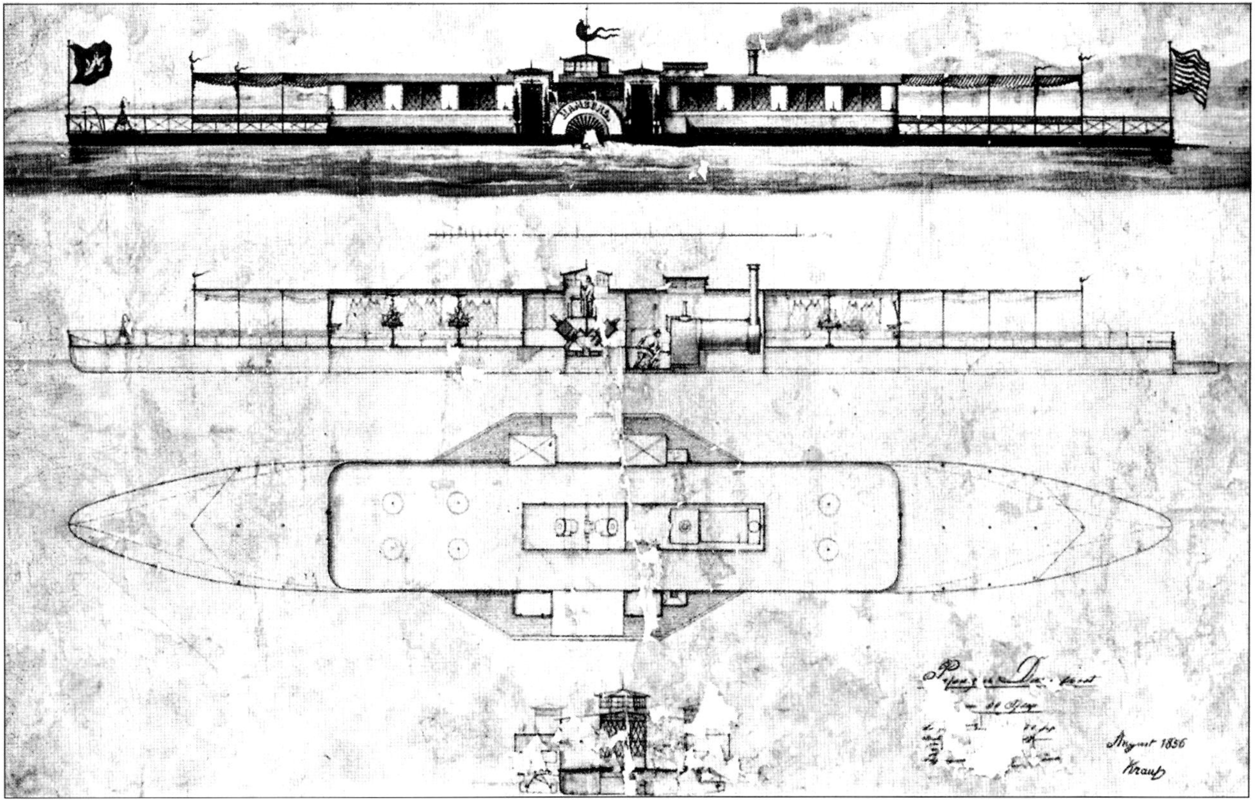

Bauplan für ein Personendampfschiff, welches 1856 für die Stadt Hamburg gefertigt wurde (aus: 100 Jahre Buckau-Wolf, Magdeburg 1938)

Zwischen den Schiffsmühlen und dem Werderufer sind die Ketten für den Halt der Mühlen gespannt. Die Schiffahrt ging über die Zollelbe und nach Passage der Schleuse oberhalb der Brücken wieder auf den Strom. Hier zu sehen sind die alte hölzerne und die neue eiserne Strombrücke 1863.

12. Errichtung einer Strom-Bau-Direktion 1866

Außerordentliche Beilage

zum Amtsblatt № 8. der Königlichen Regierung zu Magdeburg

pro 1866.

236 Reglement über die Errichtung einer Strom-Bau-Direction für die Elbe.

Nachdem des Königs Majestät mittelst Allerhöchsten Erlasses vom 30. December v. J. die Uebertragung der bisher bei den Regierungen zu Merseburg, Magdeburg und Potsdam verwalteten, auf die Erhaltung des baulichen Zustandes und die weitere Verbesserung der Schiffbarkeit der Elbe innerhalb des Preußischen Gebiets bezüglichen Angelegenheiten auf den Ober-Präsidenten der Provinz Sachsen zu genehmigen geruht haben, werden zur Ausführung dieser Ressortveränderung, welche mit dem 1. April d. J. eintreten soll, die folgenden näheren Bestimmungen erlassen.

Abschnitt I. Umfang der Verwaltung.

§. 1. Zu den auf den Oberpräsidenten übergehenden Gegenständen gehört insbesondere die Unterhaltung und Ergänzung der bestehenden Strom- und Ufer-Bauwerke, einschließlich der nöthigen Leinpfade, der vom Staate angelegten und zu unterhaltenden Sicherheitshäfen für die Elbschiffe, sowie auch der Strom-Deichanlagen, soweit diese letzteren ausschließlich dem Interesse der Strom-Bauverwaltung dienen, die Anlage und Ausführung neuer Wasserbauwerke zur weiteren Regulirung der Elbe im Allgemeinen und zur Verbesserung der Schiffbarkeit derselben im Besondern. Auch werden die Saale, soweit sie zum Regierungsbezirk Magdeburg gehört, sowie die Mündungen der übrigen Nebenflüsse der Elbe und der Elbcanäle — in einer für jeden Fluß und Canal näher zu bestimmenden Ausdehnung — in allen vorbezeichneten Beziehungen dem Ressort des Oberpräsidenten überwiesen.

Dagegen verbleibt den Regierungen zu Merseburg, Magdeburg und Potsdam innerhalb ihrer Bezirke die Verwaltung der Elbfähren, der Elbbrücken mit ihren Häfen, die obere Aufsicht über die von Stadtgemeinden oder anderen Korporationen anzulegenden und zu unterhaltenden Sicherheitshäfen, desgleichen die Verwaltung der Nebenflüsse der Elbe, sowie der Canäle mit ihren Brücken und Schleusen, der Vorfluths-, Entwässerungs- und Stau-Anlagen und des gesammten Deichbauwesens einschließlich der Vertheidigung der Deiche beim Eisgange und Hochwasser, soweit nicht aus der obigen Bezeichnung der auf den Ober-Präsidenten übergehenden Verwaltungs-Gegenstände sich Ausnahmen ergeben.

Zur Vermeidung von Collisionen bei Concurrenz der Interessen des Ressorts der Strom-Bau-Direction einerseits und der Regierungen andererseits, haben die Regierungen alle Projecte zu Deichanlagen und zu Strom- und Ufer-Bauten, welche zum Schutz von Deichanlagen erforderlich werden, desgleichen zu Brücken-, Fähr- und Werftanlagen innerhalb des gemeinschaftlichen Verwaltungsbezirks dem Oberpräsidenten zur Prüfung vorzulegen und ebenso hat der letztere alle Strombauten, welche auf bestehende Deich-, Brücken-, Fähr- und Werftanlagen Einfluß haben, zur Kenntniß der betheiligten Regierung zu bringen.

Auszug aus dem Erlaß zur Errichtung einer Strom-Bau-Direktion für die Elbe (aus: Amtsblätter der Königlichen Regierung zu Magdeburg, 1866).

Denkmal des ersten Elbstrombaudirektors Kozlowski – eingeweiht am 7. Juli 1900

13. Vereinigte Hamburg-Magdeburger Dampfschiffahrts-Compagnie

Auszug aus der Jubiläumsschrift der Maschinenfabrik Buckau R. Wolf aus dem Jahre 1938:

„Das vierte Schiff der Magdeburger Dampfschiffahrts-Compagnie hieß »Königin Elisabeth« nach der Königin von Preußen, der Gemahlin Friedrich Wilhelms IV., dessen Thronbesteigung im Jahre 1840 das Volk mit großen Erwartungen erfüllte. Die Königin Elisabeth ist auch auf dem ihr zu Ehren benannten Schiff gefahren, als das Königspaar im Jahre 1841 Magdeburg besuchte und eine Lustfahrt nach dem Herrenkrug unternahm.

Am 1. Januar 1841 vereinigte sich die Gesellschaft mit einem Hamburger Unternehmen, das ebenfalls eine Dampfschiffahrt auf der Elbe eingerichtet hatte. Man nannte sich nunmehr die »Vereinigte Hamburg-Magdeburger Dampfschiffahrts-Compagnie«, und unter dieser Bezeichnung, die die Firma bis 1883 trug, ist sie in der damaligen Zeit bekannt geworden. Nach und nach bürgerte sich auch daneben der Name »Maschinenfabrik Buckau« ein, soweit das Gebiet des Maschinenbaus in Frage kam. In der Literatur des 19. Jahrhunderts werden vielfach die beiden Namen durcheinandergeworfen, so daß es Außenstehenden erscheint, als hätte es sich um zwei verschiedene Firmen gehandelt.
Die Flotte der Gesellschaft wurde um die Anzahl der Schiffe vermehrt, die man in Hamburg übernahm. Nahezu 25.000 Personen und fast eine viertel Million Zentner an Gütern wurden im Jahre 1844 befördert. Im nächsten Jahr kam man auf 30.000 Personen, dann sank die Zahl schnell, und schließlich wurde die Personenschiffahrt bedeutungslos, da die Fahrgäste den Eisenbahnen den Vorzug gaben, die allmählich in alle Richtungen gebaut wurden. Vorläufig verständigte man sich mit den Eisenbahngesellschaften, um die Reiselust zu steigern. Zum Beispiel konnte der Reisende auf dem Bahnhof in Leipzig eine Karte nach Hamburg lösen, mit der er nach Magdeburg und von dort mit dem Schiff nach Hamburg fuhr, bei welchen Zusammenstellungen Schiffahrt und Eisenbahn 25 % Ermäßigung gewährten.

1845. Auf dem »Kronprinz von Preußen« war das Dampfsammelrohr geplatzt, das man seinerzeit an Stelle des später eingeführten Dampfdomes vorsah, und das Schiff ging rettungslos verloren. Der Verlust war groß, da die Versicherung nicht zahlte. Bei der »Elisabeth« platzte ein Siederohr in dem Augenblick als der Heizer von der Rauchkammertür aus mit dem Rohrputzer durchstoßen wollte, wobei auch Fahrgäste ums Leben kamen, die sich infolge des kalten Wetters entgegen dem Verbot im Maschinenraum aufhielten. Das Unglück gab Veranlassung zu strengsten Vorschriften, um eine Wiederkehr solcher beklagenswerten Fälle zu verhüten.

Martin Christian Graff
Kommerzienrat, Verwaltender Direktor von 1848 - 1873

Thomas Stephenson Golden
Direktor von 1873 bis 1886

Das Jahr 1847 bringt ein großes Anwachsen der Belegschaft auf 800 Mann, so daß die Maschinenfabrik nunmehr nach Borsig die größte in Preußen und wahrscheinlich auch im ganzen bundestäglichen Deutschland ist.

1851. Die Elbschiffahrt krankt weiter an den niedrigen Frachten, und was sie verdient, verschlingen die Reparaturen und Neubauten. Denn von den alten hölzernen Schiffen ist nur noch die »Elisabeth« brauchbar, die anderen mußten abgetragen werden. Man baut ein neues, starkes eisernes Dampfschiff »Magdeburg« mit längerem eisernen Körper und mit neuartigem Kessel, die mit Kohle jeder Art geheizt werden können, so daß man nicht mehr auf den teuren und an der Oberelbe schwer erhältlichen Koks angewiesen ist. Die Flotte besteht jetzt aus 5 eisernen Dampfschiffen, einem hölzernen, 4 eisernen Schleppkähnen und 6 hölzernen.

1860. Die Frachteinnahmen betragen rund 100.000 Taler. Die Betriebskosten rund 85.000 Taler. Zu letzteren treten die Elbzölle mit 13.000 Taler an Hannover, 10.000 Taler an Mecklenburg, 5.000 Taler an Lauenburg (Dänemark).
»Wann wird die Ausbeutung des Elbverkehrs ein Ende haben?« - fragt Graff, und der Oberbürgermeister der Stadt Magdeburg, Hasselbach, unterstützt ihn in beredter Weise im Preußischen Herrenhaus. Schon ist der Rhein so gut wie völlig von Zöllen frei, auch den Durchgangszoll hat Preußen aufgehoben, nur die Elbzölle ragen noch aufrecht wie versteinerte Gebilde aus verklungener Zeit."

Abraham (Brami) Maria Andreae
Leiter des Konstruktionsbüros 1838 - 1848
und Technischer Leiter von 1856 - 1875

Reger Schiffsumschlag im Zollhafen um 1890. Ein Seitenraddampfer und Schrägdeckkähne mit Segelgeschirr warten auf neue Aufgaben.

14. Schraubendampfkahn „Hercules"

In der zweiten Hälfte des vorigen Jahrhundert fand die Schiffsschraube ihre Anwendung in der Elbeschiffahrt. In dieser Zeit baute man Dampfkähne, Schiffe mit einer Dampfmaschine und bordeigenen Ladegeschirr, die eine breite Verwendung fanden. Im Jahre 1896 wurde der Schraubendampfkahn „Hercules" für den Schiffseigner Wienecke aus Tangermünde auf der Werft Uebigau bei Dresden fertiggestellt.

Das Schiff hatte eine Länge über die Steven von 78,24 m und die beachtliche Breite von 11,82 m. Bei einem Tiefgang von 1,80 m konnten ca. 1055 Tonnen geladen werden. Damit war dieses Schiff um die Jahrhundertwende eines der größten Frachtschiffe auf der Elbe. Die Laderäume wurden mit einem Schrägdeck aus Holz verschlossen. Gesteuert wurde das Schiff mit einem Helmholzruder. Die Schiffsschraube kam nur bei der Talfahrt ohne Schlepper oder beim Bugsieren in den Häfen zum Einsatz. Für so ein großes Schiff reichte die Leistung der kleinen Maschine zwar nicht aus, um im beladenen Zustand bergwärts zu fahren - hier mußte er ein Kettenschiff nutzen. Doch der Einsatz der Maschine bei Talfahrt brachte dem Schiffer den gewünschten Nutzen. Das alleinige Treiben – ohne Schlepper – im Elbstrom wurde durch den Schraubenstrahl auf das Ruder sicherer und erhöhte die Reisegeschwindigkeit. Da im Deck des Schiffes zwei sogenannte Köcher zu Aufnahme von Masten eingelassen waren, konnte über zwei Ladegeschirre ein unabhängiges Laden und Löschen erfolgen. Bei gutem Wind bestand die Möglichkeit zusätzliche Sprietsegel zu setzen.

Das Schiff war von 1896 bis zu Beginn der 30er Jahre im Besitz des Herrn Wienecke und ging dann zur Reederei „Behnke und Mewes" nach Hamburg. Nach dem zweiten Weltkrieg verblieb das Schiff in der damaligen sowjetischen Besatzungszone und fuhr mit der Registriernummer 6-2011 B als Treuhandfahrzeug. Am 40.12.1968 erfolgte die Außerdienststellung des Schiffes durch die „Deutsche Binnenreederei" in der DDR. In seiner langen Einsatzzeit erlebte das Schiff viele bauliche Veränderungen. Maschine, Kessel, Schraube und Masten mußten neuen Umschlags- und Schiffahrtstechnologien weichen. Ebenso wurden die Kajüten umgebaut und den veränderten Bedürfnissen angepaßt. Vom Schiff sind heute nur noch die Zollverschlußzeichnung und die Tragfähigkeitstabelle vorhanden. Aus den Papieren geht hervor, daß in den Jahren 1902, 1903, 1908, 1911, 1912, 1917, 1922, 1927 und 1932 der originale Zollverschluß von 1896 von den jeweiligen Zollorganen bestätigt wurde. In der Zeit vor 1918 liegen Bestätigungen vor, von dem:

- K.u.K. Hauptzollamt Bodenbach-Tetschen (heute Decin, Tschechische Republik)
- Königlich preußische Zuckersteuerstelle Tangermünde,

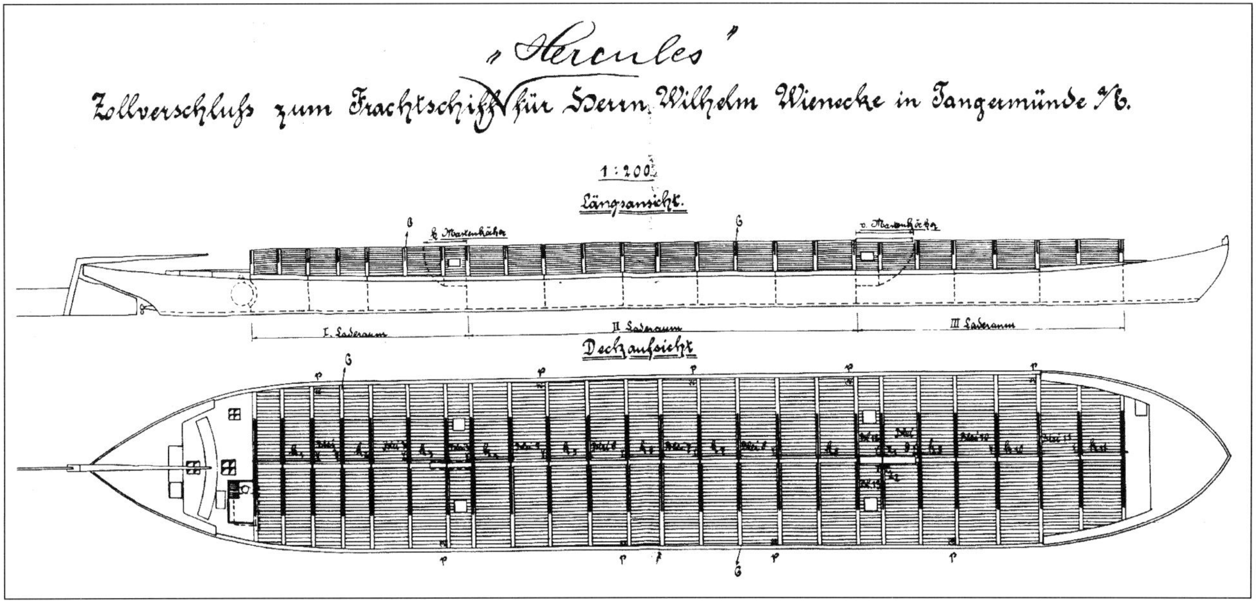

- Königlich preußisches Hauptsteueramt Magdeburg,
- Königlich sächsische Hauptsteueramt Drund und dem
- Königlich sächsischen Amt für den Schiffsverkehr Schandau vor.

Wenn man die Bedingungen der Schiffer von damals betrachtet, kann man ermessen, wieviel Arbeit von Seiten der Besatzung nötig war um die Laderäume auf- und abzudecken, die Ladegeschirre umzulegen oder die großen Vierflunkenanker auszusetzen. Die Unterlagen des Schiffes wurden viele Jahre in einem verzinkten Behälter aufbewahrt und gerieten in Vergessenheit. Erst 1985 konnten diese einmaligen Dokumente einer Auswertung unterzogen werden. Dadurch wurde es möglich, die Geschichte eines der großen Elbeschiffe nachzuvollziehen und die Arbeitsbedingungen der Schiffer von einst kennenzulernen.

Im Vordergrund ein Schrägdeckkahn im Zollhafen. Die Schiffsmühlen auf der Elbe sind entfernt. Die Schiffahrt „geht durch die Stadt“. Auf der gegenüberliegenden Seite die Elbuferkais und Bahnanlagen um 1890.

Der im Vordergrund sichtbare Kahn ist gesunken. Zu sehen ist das Heckteil, das Ruder ist nicht mehr vorhanden. Fünf Seitenrad- und ein Kettendampfschiff sind bei der Bergung im Einsatz. Offensichtlich ist der beladene Kahn allein zu Tal getrieben und in der Grube gestrandet.

15. Die Kettenschiffahrt auf der Elbe

Ein Beitrag in der Zeitung des „Vereins deutscher Ingenieure“ aus dem Jahre 1867:

„Der seit Entstehung der Eisenbahnen auf den beidseitigen Elbufern sehr unproduktiv gewesene Schifffahrtsverkehr hat den Dampf- und Segelschifffahrtsinteressenten ernste Veranlassung gegeben, darauf bedacht zu sein, auf welche geeignete Weise dem Nothstande abzuhelfen wäre, und die Magdeburger Dampfschifffahrts-Compagnie ins besondere bemühte sich, den auf der Seine schon seit Jahren betriebenen Kettenschifffahrtsdienst zu prüfen, um solchen convenierendenfalls auf der Elbe einzuführen.

Die nahe liegende Thatsache, daß keine Eisenbahn einem gut corrigierten, mit angemessenem Tiefwasser versehenen Flusse da Concurrenz zu machen im Stande ist, wo keine zu rasche Beförderung der Güter verlangt wird, und ein höherer Frachtsatz nicht angelegt werden kann, wurde von den Unternehmern der Kettenschiffahrt auf der Seine richtig gewürdigt; denn nach Verlauf weniger Jahre hatte sich dieselbe des ganzen Schiffsdienstes bemächtigt und machte den Eisenbahnen eine siegreiche Concurrenz.

Zieht man hierbei in Betracht, daß zum Transport von 8000 Ctr. Gütern auf der Eisenbahn 40 Wagen á 200 Ctr. gehören, deren totes Gewicht einschließlich der Tenderlocomotive 9240 Ctr. beträgt, wogegen es nur zweier Elbkähne bedarf, um dieses Gewicht fortzuschaffen welche 2400 Ctr. wiegen, so stellt sich ein wesentlicher Vortheil auf Seite der Wasserbeförderung, wobei die kostspielige Erhaltung der Bahngeleise zu Gunsten dieser Beförderungsart noch schwer ins Gewicht fällt, da anzunehmen ist, daß auf einer frequenten Bahn die Schienen nach zehn Jahren erneuert werden müssen. Und es unterliegt keinem Zweifel, daß dieser Schifffahrtsbetrieb überall günstige Resultate bringen muß, wo hinreichende Güter vorhanden sind, sich daher für alle Flüsse empfiehlt, wo diese Bedingungen erfüllt sind.

Die sich bei den vorbezeichneten ersten Unternehmungen anfangs offenbarten Abneigung der Schiffer, sich der Kettenschiffe als Remorcueure ihrer Fahrzeuge zu bedienen und von ihrer alt hergebrachten Benutzung des Pferdezuges und der Segel abzugehen, nahm eine schnelle Wendung, als sie sich überzeugten, mit welchen Vortheilen die Benutzung der Kette verbunden ist, denn es stellte sich bald heraus, daß damit

- ***1)*** *für die Bedienung eines Kahnes statt 8 nur 2 Mann nöthig waren,*
- ***2)*** *daß sie dabei weder Masten noch Segel und Takelage bedurften,*
- ***3)*** *daß die Kähne um das Gewicht dieser Gegenstände schwerer beladen werden konnten,*
- ***4)*** *daß die Concurrenz der Dampfschiffe (Remorqueurs und Porteurs) für sie aufhörte,*

5) daß die Hälfte der Kähne durch die raschere Beförderung derselben entbehrlich wurde, und endlich
6) der Schiffer beim Beginn der Fahrt zu berechnen wußte, was ihm nach Abrechnung des Schlepplohnes übrig blieb.

Nachdem sich die Magdeburger Dampfschifffahrts-Compagnie über alle diese Umstände informiert hatte, entschloß sich dieselbe, einen Versuch damit auf der Elbe zu machen, und wählte sich dazu absichtlich die schwierigste Flußstrecke von der Neustadt bis Buckau, 8/4 Meilen (5,6 Kilometer), wobei zwei Brücken zu passieren sind, und eine große Strömung vorhanden ist. Dieser Versuch ist über Erwarten gelungen, da das Kettenschiff die ihm angehängten Lastkähne nach Maßgabe des Wasserstandes, gleichviel ob dies 2 oder 6 und mehr sind, mit großer Geschwindigkeit vorwärts schaffte und dabei die größere Stromschnelle unter den Brücken ohne Anstrengung überwindet, auch in den Windungen des Flusses kein Hindernisß findet, da das Schiff bei Veränderungen des Fahrwassers im Stande ist, durch seine hinten und vorn angebrachten Steuer der Kette eine entsprechend veränderten Lage zu geben. Auch die in sichere Aussicht genommene Kohlenersparnisß gegen gewöhnliche Räderremorqueure hat sich erfüllt, da in der Zeit vom 15. August bis 23. October, während der Kessel täglich im Feuer war, nur 22 Last (871 Hektoliter) Steinkohlen verbrannt sind. Was pro Tag 4 Tonnen (8,8 Hektoliter) ausmacht.

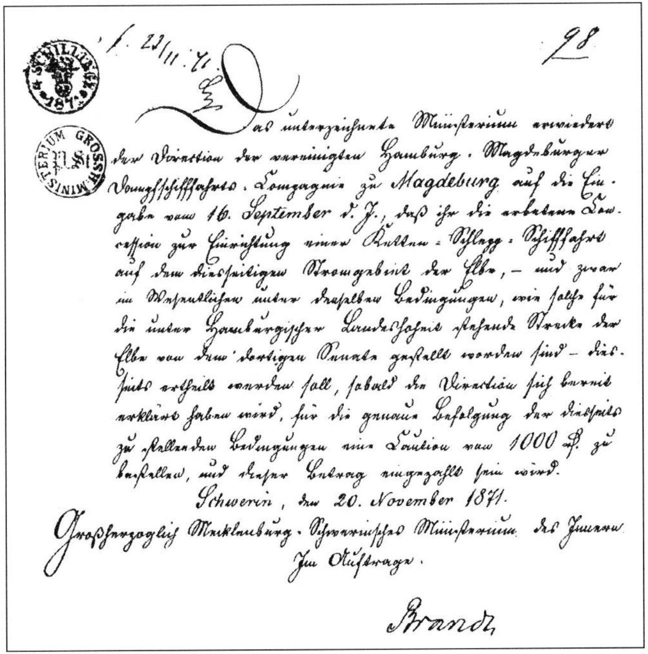

/. 23/11.71. 98

Das unterzeichnete Ministerium erwiedert der Direction der vereinigten Hamburg-Magdeburger Dampfschifffahrts-Compagnie zu Magdeburg auf die Eingabe vom 16. September d. J., daß ihr die erbetene Concession zur Einrichtung einer Ketten-Schlepp-Schifffahrt auf dem diesseitigen Stromgebiet der Elbe, – und zwar im Wesentlichen unter denselben Bedingungen, wie solche für die unter Hamburgischer Landeshoheit stehende Strecke der Elbe von dem dortigen Punkte gestellt worden sind – diesseits ertheilt werden soll, sobald die Direction sich bereit erklärt haben wird, für die genaue Befolgung der diesseits zu stellenden Bedingungen eine Caution von 1000 rf. zu bestellen, und dieser Betrag eingezahlt sein wird.

Schwerin, den 20. November 1871.

Großherzoglich Mecklenburg-Schwerinsches Ministerium des Innern.

Im Auftrage.

Brandt

Genehmigung zur Einrichtung der Ketten-Schlepp-Schiffahrt durch die Vereinigte Hamburg Magdeburger Dampfschiffahrts-Compagnie auf dem Stromgebiet der Elbe im Großherzogtum Mecklenburg vom 20. November 1871.

Es erklärt sich dieser, gegen die Kohleconsumtion eines Dampfschiffes von gleicher Leistungsfähigkeit äußerst geringe Verbrauch des Kettendampfers nur dadurch, daß bei demselben keine Kraft verloren geht, wie es im hohen Maße bei einem Räderschiff der Fall ist, dessen Schaufeln keinen festen Widerstand im Wasser finden und diesen nur durch öftere Rotationen der Maschine zu gewinnen vermögen, um das Schiff selbst und die daran hängenden Schleppkähne mit angemessener Geschwindigkeit vorwärts zu treiben. Hierin liegt ein wesentlicher und unbestreitbar ökonomischer Vorzug der Kettenschiffahrt, da kein Dampfschiff mit Rädern von gleicher Leistungsfähigkeit als der Kettendampfer mit weniger als 4 Last (48,4 Hektoliter) Kohlen pro Tag unter Anhängung von nur einem beladenen Kahn vorwärts zu treiben ist. Die Brennmaterialersparnisß zu Gunsten des Kettenschiffes stellt sich hiernach auf das zwölffache günstiger, wobei jedoch zu bemerken, daß dasselbe, wenn das Feuer auch fortwährend unterhalten werden muß, nicht immer in Fahrt ist. Auch das Schiffspersonal ist ein namhaft geringeres, da das Kettenschiff im ganzen nur 5 Personen gebraucht, während die anderen Schiffe 10 haben müssen, was eine monatliche Lohndifferenz von 100 Thaler ausmacht.

Diesen Vortheilen der Kette gesellt sich noch der wesentliche Umstand hinzu, daß kein Flußdampfschiff im Stande ist, Güterconvois von 50.000 Ctr. fortzubewegen, was, wenn auch auf der Elbe noch nicht versucht werden konnte, auf der unteren Seine vielfach stattgehabt hat. Überhaupt lag es bei dem zur Ausführung gekommenen Versuche der Magdeburger Dampfschifffahrts-Gesellschaft nicht in der Absicht, große Gütermassen fortzuschaffen, vielmehr nur den nach der Oberelbe gehenden Fahrzeugen auf eine sichere, schnelle und billige Weise die gefährliche Brückenpassage bei Magdeburg zu erleichtern und die dabei für die eventuelle Weiterführung der Kette Erfahrungen zu machen.

Beschreibung des Kettendampfschiffes.

Für die Elbe schien es nothwendig, daß Schiff mit möglichst geringen Tiefgange herzustellen, damit auch bei ganz schlechten Wasserstande zum Mindesten leere Fahrzeuge geschleppt werden können. Es war demnach geboten, dem Schiffe große Dimensionen zu geben, Maschine und Kessel dagegen sehr leicht herzustellen.

Die Geschwindigkeit des Schiffes ist pro Minute

- *bei der Bergfahrt = circa 340 Fuß engl. (104 m)*
- *bei der Talfahrt = circa 475 Fuß engl. oder pro Stunde,*
- *5/6 deutsche Meilen (6,25 Kilometer.) bei der Berg-*
- *und 7/6 deutsche Meilen (8,76 Kilometer) bei der Talfahrt.*

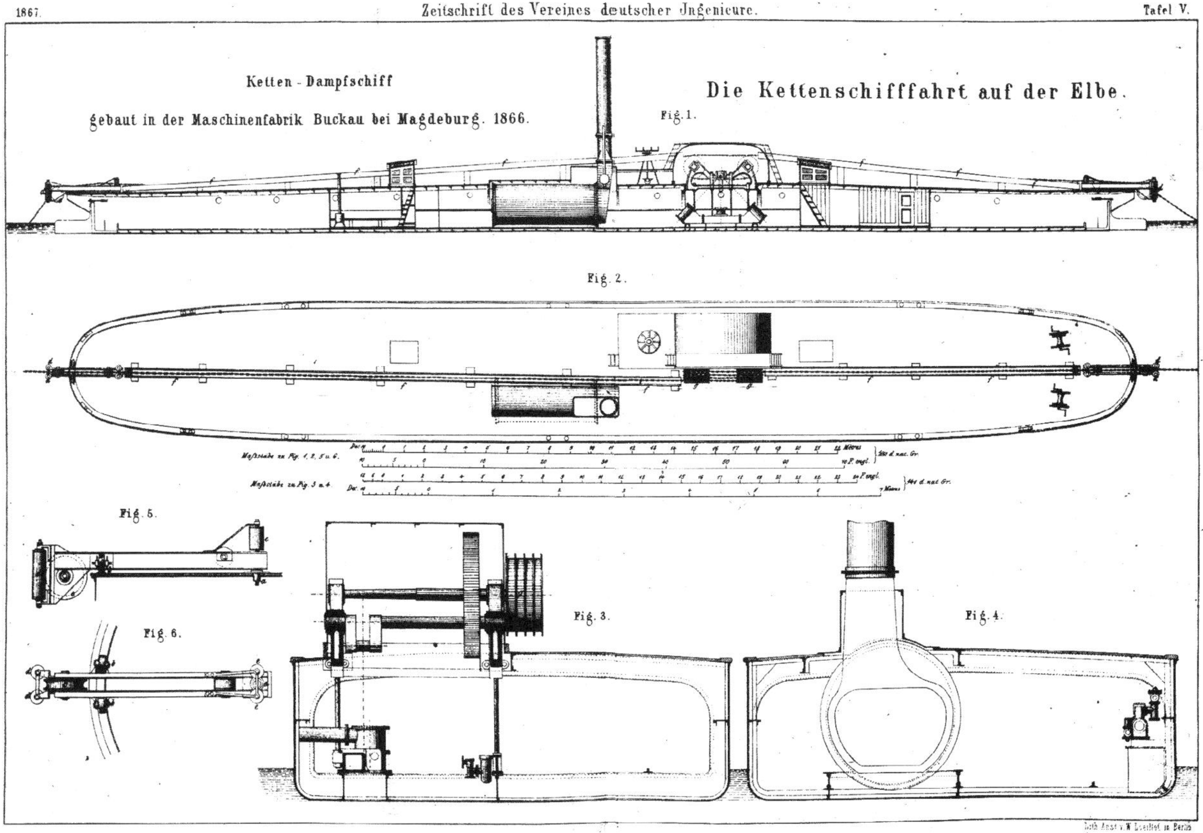

Tafel V aus der Zeitschrift des Vereins deutscher Ingenieure von 1867

Die im Strome versenkte Kette ist eine englische Ankerkette gewöhnlicher Construction, bester Qualität von 7/8 Zoll engl. (22 mm) Eisenstärke, und besteht dieselbe, der Bequemlichkeit wegen für die eintretende Nothwendigkeit einer Verkürzung oder Verlängerung, aus einzelnen Längen welche mit Schloßgliedern verbunden sind.

Tafel V stellt in Fig. 1 einen Längendurchschnitt, in Fig. 2 einen Grundriß und in Fig. 3 und 4 zwei Querschnitte des Schiffes dar, letztere in vergrößertem Maßstabe. Das Schiff hat eine Länge von 170 Fuß engl. (51m,3) bei einer größten Breite von 22 Fuß engl. (6m,7) und geht vollständig ausgerüstet 17 Zoll engl. (177 mm) tief. Es ist mit Ausnahme des Decks ganz aus Eisen gebaut und hat vor und hinter der Maschine je eine wasserdichte Wand. Die Disposition des Kessels und der Maschine ist aus den Zeichnungen ersichtlich.

Das Schiff ist mit zwei Steuerrudern versehen, welche von der Mitte aus gemeinschaftlich gesteuert werden.

An jedem Ende des Schiffes ist ein beweglicher Arm, in Fig. 5 und 6 in größerem Maßstabe dargestellt, angebracht, welcher mit verschiedenen Rollen versehen, die aus dem Flusse emporsteigende und am anderen Ende herabsinkende Kette unterstützt. Dieser Arm kann sich, je nach der Lage der Kette, in einer horizontalen Ebene um ca. 90 Grad drehen, und wird hierdurch die Steuerfähigkeit des Schiffes in gewissen Grenzen unabhängig von der Lage der Kette, gesichert; d.h. man kann durch diese Einrichtung die Lage der Kette im Flusse mittels der Steuerkraft des Schiffes verändern. Der bewegliche Arm dreht sich um den Punkt a; er ist durch zwei Rollen b,b auf einer kreisförmigen Bahn unterstützt. Die Rolle c (Fig. 5 und 6) nimmt die Kette auf; die aufrechten Rollen d,d sind der größeren Sicherheit wegen angebracht. Die Rollen e,e werden, je nachdem sich der Arm (Rollenträger) dreht, abwechselnd in Anspruch genommen und vermitteln den Lauf der Kette, welche, durch Rollen unterstützt, die hölzerne Rinne f,f (Fig.1 und 2) passiert, mehrmals die Treibrollen g,g umschlingt und in umgekehrter Richtung wieder nach dem Flusse gelangt."

Soweit die Fachzeitschrift des „Vereins deutscher Ingenieure“, als Reaktion auf den neuen Kettendampfer von 1866. In der Folge wurden in Buckau, Dresden Uebigau noch 55 Dampfer gebaut. Mit Stillegung der Strecke Hamburg - Niegripp, im Jahre 1895 beginnt der Niedergang der Kettenschiffahrt. Auf der Elbe wird der letzte Kettendampfer 1948 in Tetschen (Decin - Tschechische Republik) außer Dienst gestellt.

Ein Kettendampfer mit Schleppzug in der Bergfahrt. Die größten und schwersten Schiffe kamen gleich hinter dem Dampfer, die kleinen, leichten Schiffe bildeten den Schluß des Schleppzuges (Foto: Hermann Dieck).

Um die Kette nicht in ihrer Lage im Fluß zu verändern, wurde sie über am Bug und Heck angebrachte bewegliche Führungen aufgenommen bzw. wieder abgesenkt.

Ein Kettenschiff der Neuen Norddeutschen und Vereinigten Elbeschiffahrt Hamburg und Dresden auf Bergfahrt.
Länge des Schiffs: 36 m, Breite: 5,80 m, Leistung: 100 PS

Aus der Rede zur Enthüllungsfeier des Kozlowski-Denkmals am 7. Juli 1900:

„Wenn wir heute das geschäftige Leben und Treiben auf der Elbe betrachten, so erscheint das, was sich hier vor unseren Augen abspielt, als etwas ganz Selbstverständliches. Welche Mühe es aber gekostet hat, den Strom zu dem zu machen, als den wir ihn jetzt vor uns sehen, das vermag nur der zu beurteilen, der vor 40 Jahren unsere Elbeschiffahrt kannte und die Schwierigkeiten mit durchlebt hat, mit denen sie damals zu kämpfen hatte. Als ein wenig regulierter Strom, zu dessen Verbesserung nicht genügend Mittel zur Verfügung standen, so floß unsere Elbe dahin, und den Schiffern, die zum überwiegenden Teile nur Segelschiffahrt betrieben, war es überlassen, sich in wasserarmen Zeiten mit ihren Fahrzeugen durch die Untiefen und Sandbänke hindurchzuarbeiten, so daß es zu den Seltenheiten gehörte, daß damals eine Reise von Hamburg hierher einen Zeitraum von 4 bis 6 Wochen in Anspruch nahm, eine Spanne Zeit, in der man heute bequem von Hamburg nach Japan oder Australien gelangt, und deshalb war es nicht zu verwundern, daß der Handel die Wasserstraßen verließ und sich immer mehr den neugeschaffenen Eisenbahnen zuwandte."

Verordnungen und Bekanntmachungen der Königlichen Regierung.

1195 Betrifft den Tarif für die Kettenschleppschifffahrt auf der Elbe von Buckau bis zum Hafen bei Neustadt.

In Ausführung des § 6 der Concession vom 18. October v. J., welche der Herr Staatsminister für Handel, Gewerbe und öffentliche Arbeiten der vereinigten Hamburg-Magdeburger Dampfschifffahrts-Compagnie zum Betriebe der Ketten-Schleppschifffahrt auf der Elbe zwischen Buckau und dem Hafen bei Neustadt-Magdeburg ertheilt hat, bringen wir den von uns genehmigten Tarif für den Transport der Waaren und das Schleppen der Fahrzeuge nachstehend zur öffentlichen Kenntniß.

Magdeburg, den 4. October 1866. Königliche Regierung, Abtheilung des Innern.

Tarif
für die Ketten-Schleppschifffahrt auf der Elbe von dem Neustädter Hafen bis Buckau resp. dem Wolfswerder.

1) Schlepplohn von dem Neustädter Hafen, vom Mastenkrahn und dem Packhof bis zur Sülze und der Magistratsstrecke in Buckau:

für einen Kahn mit 3000 Ctr. und darüber . . . 7 Thlr.
" " " " 2000 " bis 2999 Ctr. . . 6 "
" " " " 1000 " " 1999 " . . $5\frac{1}{2}$ "
" " " unter 1000 " . . . . 5 "
" " leeren Kahn . . . . 3 "

2) Schlepplohn von dem Neustädter Hafen, vom Mastenkrahn und dem Packhof bis zur Eisenbahn an Bastion Cleve:

für einen Kahn mit 3000 Ctr. und darüber . . . 6 Thlr.
" " " " 2000 " bis 2999 Ctr. . . 5 "
" " " " 1000 " " 1999 " . . $4\frac{1}{2}$ "
" " " unter 1000 " . . . . 4 "
" " leeren Kahn . . . . 2 "

3) Schlepplohn von der Schleuse, der Eisenbahn, der Magistratsstrecke bis zur Sülze:

für einen Kahn mit 3000 Ctr. und darüber . . . 6 Thlr.
" " " " 2000 " bis 2999 Ctr. . . 5 "
" " " " 1000 " " 1999 " . . $4\frac{1}{2}$ "
" " leeren Kahn . . . . 2 "

4) Schlepplohn von der Neustadt bis zur Zollelbe, dem Mastenkrahn und dem Packhofe:

für einen beladenen Kahn . . . . 2 Thlr.
" " leeren Kahn . . . . 20 Sgr.

5) Schlepplohn niederwärts von der Sülze, der Magistratsstrecke und dem oberen Mastenkrahn bis zur Neustadt und dem Packhof:

für einen beladenen Kahn . . . . 5 Thlr.
" " leeren Kahn . . . . 2 "

Die Dampfschifffahrts-Compagnie ist bis auf Weiteres und namentlich bis zur Feststellung eines bestimmten regelmäßigen Planes für den Schleppdienst verpflichtet, den Kettendampfer während der ganzen Tageszeit geheizt und so zum Schleppen bereit zu halten, daß, sofern frühere Anmeldungen den Letzteren nicht in Anspruch nehmen, längstens ½ Stunde nach der Anmeldung die verlangte Schleppfahrt zu beginnen hat.

Die Anmeldungen sind für die Bergfahrt im Dampfschifffahrts-Comtoir zu Magdeburg und für die Thalfahrt im Comtoir der, der Dampfschifffahrts-Compagnie gehörigen Maschinenfabrik in Buckau, und zwar unter Vorlegung der Schiffspapiere zu machen.

Magdeburg, den 4. October 1866. Königliche Regierung, Abtheilung des Innern.

Tarife für die Ketten-Schiffahrt 1866 (Auszug)

Magdeburg - industrielles Herz Preußens 1900

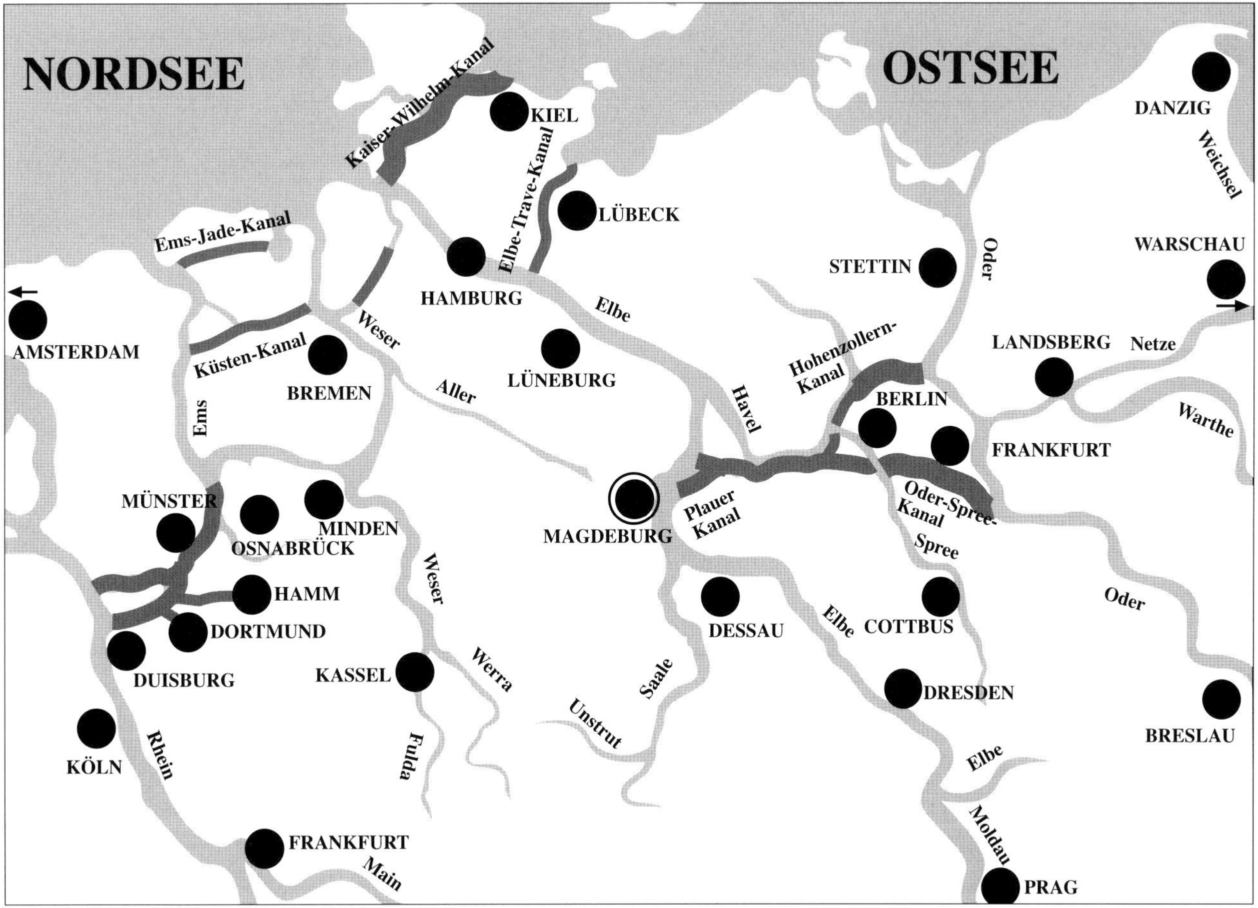

1817-1819	verkehren die Dampfschiffe „Courier", „Magdeburg", „Friedrich-Wilhelm II." und „Fürst Blücher" des Engländers J.B. Humphrey zwischen Hamburg, Magdeburg und Berlin. Das technische Niveau der Schiffe und das schlechte, seinerzeit noch unregulierte Fahrwasser der Elbe sorgten neben geschäftlichen Problemen für die baldige Einstellung der Linien.
06.05.1818	machte das Dampfschiff „Magdeburg" nach einer 75 stündigen Reise in Magdeburg fest. Das Schiff kam mit Passagieren und Fracht aus Hamburg. Das Schiff hatte eine Länge von 37,5 m, und eine Breite von 3,81 m, der Antrieb erfolgte über Schaufelräder mit einer 75 PS (55 kW) Maschine. Über die Radkästen hatte das Schiff eine Breite von 6,35 m.
1819	baute man 800 m unterhalb der Rotehorn-Spitze das Cracauer Wehr in den östlichen Elbarm (Alte Elbe). So wurde der Stromelbe bei niedrigem Elbpegel mehr Wasser zugeführt.
1819	treffen sich in Dresden 10 Vertreter der Elbanliegerstaaten, um in Umsetzung der Wiener Beschlüsse von 1815 eine „Elbschiffahrtsakte" vorzubereiten.
23.06.1821	kam es durch die „1. Revisionskommission" in Dresden zur Unterzeichnung der Elbschiffahrtsakte.
1818-1821	ist das Dampfschiff „Berlin" zwischen Hamburg und Magdeburg in Fahrt. Es gehörte einer durch J.L.U. Blesson in Berlin gegründeten Gesellschaft.
1832-1836	entsteht der „Neue Packhof" am Petriförder. Gebaut wird nach Plänen des Magdeburger Stadtverordneten, Zimmermeister Schwarzlose.
1834	wird das Dampfschiff „Kronprinzessin von Preussen" in Magdeburg fertiggestellt. Ausgerüstet wurde das Schiff mit einer englischen Maschine von 22 PS Leistung. Die Montage erfolgte am Elbufer vor dem Packhof.
15.08.1837	Das erste Schiff der neugegründeten „Magdeburger Dampfschiff Companie" wird vom Stapel gelassen. Die „Kronprinz von Preussen" wurde als erstes Schiff auf der eigenen Werft in Buckau gebaut. Diese Werft befand sich in der dazu ausgebauten Sülzemündung.

	Aus diesen Anfängen ging später die Magdeburger Maschinenfabrik Buckau hervor.
03.04.1838	Die „Kronprinz von Preussen“ absolviert die erste Reise in Richtung Hamburg.
18.06.1838	gehen zwei weitere Schiffsneubauten von Buckau aus in Fahrt: die „Paul-Friedrich, Großherzog von Mecklenburg“ und die „Stadt Magdeburg“.
1841	fusionieren die „Magdeburger Dampfschiffahrt Companie“ mit einen Hamburger Unternehmen zur „Vereinigten Hamburg Magdeburger Dampfschiff Companie“.
	Es findet eine Strombereisung der Elbuferanliegerstaaten statt, in deren Ergebnis ...
1842	... die zweite Revisionskommission nach Dresden einberufen wird.
	Ausbau der Magdeburger Zollelbe als Winterschutzhafen zur Aufnahme einer größeren Anzahl von Segel- und Dampfschiffen.
1844	wird die Stellung Magdeburgs im Handel wie folgt beschrieben:
	„...durch die Elbe und Saale, durch den plauschen Kanal, welcher die Elbe mit der Havel verbindet, durch den Friedrich-Wilhelm-Kanal, welcher die Spree mit der Oder verbindet, durch den Finow-Kanal welcher die Havel mit der Oder und dem Bromberger Kanal welcher die Oder mit der Weichsel verbindet, steht Magdeburg nicht nur mit dem mittleren und nördlichen Deutschlande, sondern auch mit dem Norden Europas und den überseeischen Handelsplätzen in Verbindung...“, weiter heißt es: *„...zunächst ist es jedoch die Elbeschiffahrt, welche Magdeburg zu einem bedeutenden Handelsplatz macht.*
	Die Spreekähne zwischen Dresden und Magdeburg tragen 20-25 Lasten, die Elbkähne zwischen Magdeburg und Hamburg bis 50 Lasten. 72 Schiffsherren verfügen über 250 Elbkähne und Jachten. Schiffbauer gibt es 11, mit 3 Schiffbaumeistern und 4 Schiffbauplätzen. Die jährliche Masse der von Magdeburg nach Hamburg verschifften Güter beläuft sich auf mehr als 5 Mill. Zentner. Ein von der Kaufmannschaft angestellter Procureur übernimmt die Fracht-

güter zur Weiterverwendung auf Ober- und Niederelbe. Der Packhof mit 7 Kranen ist der Stapelplatz für alle zu Lande und zu Wasser ankommenden Waren. Eine schiedsrichterliche Handelsdeputation schlichtet vorkommende Streitigkeiten zwischen Kaufleuten, Schiffern und Fuhrleuten.

Der Großhandel begreift hauptsächlich Getreide, Holz, Steinkohlen, Landeserzeugnisse, fremde Weine und Kolonialwaren. Zur Belebung des Handels tragen die seit 1836 errichteten Magdeburger, seit 1841 „Vereinigte Hamburg Magdeburger Dampfschiffahrts Companie" bei, welche gegenwärtig 7 Dampfschiffe für Personen und Güter, ein Dampfbugsierboot, in Buckau eine Eisengießerei, eine Maschinenfabrik und Cooksöfen besitzt ...".

13.04.1844 wird die Elbschiffahrts-Additionalakte (Zusatzakte zur Elbschiffahrtsakte von 1821) zum weiteren Ausbau der Elbe verabschiedet.

1846 Bau der Hubbrücke in Magdeburg. Diese Eisenbahnbrücke wurde später umgebaut, daß deren Mittelteil um zwei Meter angehoben werden kann, um bei höheren Wasserständen der Schiffahrt Durchlaß zu gewähren.

um 1850 Magdeburg passieren Elb-, Spree-, Havel-, Saale- und Oderschiffe mit diesen Abmessungen:

Schiffstyp	Länge (m)	Breite (m)	Tiefgang (m)	Tragfähigkeit (t)
Großer Elb- oder	43,31 **	5,81 ***	1,41	150
Hamburger Rebenkahn	28,87 *	4,39		
Mittlerer Elb- oder	40,17 **	4,81 ***	1,10/1,26	100/125
Spreekahn	26,99 *	3,45 *		
Kleiner Elbkahn	18,83 ** bis	2,82 *** bis		40 bis 65
	21,97*	3,14 *		

Großer Oderkahn	26,99 * 42,68 **	3,30 * 4,71 ***	1,10	50-60
Gölle oder Schute	34,52 bis 35,15	5,65 bis 5,96	1,10	100

* am Boden gemessen; ** von achterliche bis vordere Spitze; *** von Bord zu Bord

Die vorliegende Tabelle zeigt, daß es eine Anzahl unterschiedlicher Schiffstypen mit verschiedenen Abmessungen gab. Je nach Flußgebiet, Bauwerft und Einsatzgebiet variierten die Schiffe zwischen 40 und 150 Tonnen Tragfähigkeit.

1862 übergibt Oberbürgermeister Hasselbach die neue 9,5 Meter breite Strombrücke dem Verkehr.

1865-1872 Bau des Ihlekanals unter Einbeziehung des alten Plauer Kanals. Der Kanal wurde in Verbindung der Elbortschaft Niegripp und Parey gebaut. In den 20er und 30er Jahren erfolgte der Ausbau zum heutigen Elbe-Havel-Kanal.

1865-1875 wird der Umflutkanal über Pretzien, Pechau und Biederitz gebaut. Dieser Kanal dient der Hochwasserentlastung der Stadt, indem die Wassermassen weitläufig um Magdeburg geleitet werden. Dazu wird in Pretzien ein Wehr von 162,8 m Länge, 7,5 m Breite und 3,8 m Höhe gebaut. Die neun Wehröffnungen sind 12,5 m lang. Auf der Weltausstellung 1989 in Paris wird das Wehr mit einer Goldmedaille ausgezeichnet.

1866 bildet sich in Magdeburg die Elbstrom-Bauverwaltung gebildet. Der erste Direktor Th. Kozlowski erwarb sich größten Verdienst bei der Regulierung und dem Ausbau der Elbe.

1866-1887 Elbregulierung und Deichbau. Dabei wird die Elbe von ihrer natürlichen Breite von 250 - 350 Meter auf rund 170 Meter eingeschränkt. Die Schiffahrtsbedingungen verbessern sich hinsichtlich der Länge der Flottwasserperioden und des Tiefganges der Schiffe erheblich.

15.08.1866 wurde der erste Kettendampfer der „Hamburg Magdeburger Dampfschiff Companie“ in Buckau vom Stapel gelassen und die erste Versuchsfahrt unternommen. Die zum Betrieb erforderliche Kette war in der navigatorisch schwierigen Stromstrecke zwischen der Magdeburger Neustadt und Buckau im Elbestrom ausgelegt. Das Schiff war der erste in Deutschland gebaute Kettendampfer.

20.08.1866 führte die Reederei im Beisein ihres Direktors, M. Ch. Graff, den Schiffseignern Andreae, Tonne und Braune sowie des Elbstrom-Baudirektors Kozlowski, Probefahrten des Kettendampfers durch. Dabei werden bis zu vier Segelschiffe durch Magdeburg geschleppt. Im gleichen Jahr wird die Kette von Magdeburg zu Tal bis Niegripp verlegt.

Aufgrund der schwachen Kessel- und Maschinenleistungen konnten freifahrende Raddampfer solche Schleppleistungen nicht erbringen. Erst mit Einführung entsprechender Hochdruckmaschinen setzte sich der freifahrende Schleppdampfer durch.

1869-1870 wird die Schleppkette von Magdeburg bis zur sächsisch-böhmischen Grenze verlegt.

1870 In diesem Jahr benutzen 2.887 mal Schiffe die Magdeburger Schleuse.

1871 Bau der neuen Eisenbahnbrücke am Herrenkrug über die Elbe.

1875-1878 Durch umfangreiche Felssprengungen in der Elbe sind die an der Strombrücke vorhandenen Stromschnellen soweit beseitigt, daß die Schiffahrt ungehindert passieren kann.

1876 Um die in der Magdeburger Stromstrecke durchzuführenden Regulierungsarbeiten durchzuführen, wird ein Taucherschacht für die Elbstrom-Bauverwaltung angeschafft.

1878 heißt es über den Verkehr und der Schiffahrt auf der Elbe:

„*... Schraubendampfer bestanden Mitte der siebziger Jahre nur einige wenige, besonders für den Dienst von Magdeburg aus, nach Berlin oder Stettin. Dieselben dienten auch nicht als Schlepper, sondern fahren als Frachtdampfer. Die durchschnittliche Tragfähigkeit der*

Frachtschiffe auf der Elbe betrug: im Jahre 1842 = 60 Tonnen
im Jahre 1877 = 160 Tonnen
und hatte sich demnach um das zweieinhalbfache erhöht. Die großen Schiffe hatten folgende Abmessungen:

Jahr	Länge (m)	Breite (m)	Tiefgang (m)	Tragfähigkeit (t)
1842	44	4,7-5,0	1,17	150
1877	58	7,40	1,24	350
	64	8,00	1,40	500

Die Tragfähigkeit war mithin um etwa des zweienhalbfache gestiegen. Die Radampfer hatten im Jahre 1877 eine Länge von 50 - 60 Meter, eine Breite von 5 - 6 Meter und 150 - 300 indizierten Pferdestärken. Der Zeitraum der Reisen betrug zwischen Hamburg und Magdeburg: 1842: 2 - 3 Reisen im Jahr 1877: 6 - 7 Reisen im Jahr ...“

1880 erfolgte der Abbruch der letzten Schiffsmühle im Magdeburger Elbebereich.

Die „Hamburg Magdeburger Dampfschiffahrts Companie“ gibt das Schiffahrtsgeschäft auf und verkauft den Schiffspark an die „Kettenschlepp-Schiffahrtsgesellschaft Oberelbe AG“.

um 1880 macht sich der Ausbau der Zollelbe zum Hafen erforderlich, um eine Verlagerung des wachsenden Güterumschlages vom linken Elbufer vorzunehmen.

1881 wird der letzte Kettendampfer in Buckau gebaut. Insgesamt wurden zwischen 1866 und 1881, 18 Kettendampfschiffe auf der Buckauer Werft gebaut.

Wird die „Kette Deutsche Elbeschiffahrtsgesellschaft“ als Zusammenschluß Magdeburger Kaufleute und der „Kettenschlepp Schiffahrtsgesellschaft Oberelbe AG“ gebildet. Die Gesellschaft unterhält insgesamt 27 Kettenschlepper.

1882	Bau und Übergabe der Zoll- und Anna-Ebert-Brücke über die alte Elbe.
1886-1893	Bau des Magdeburger Handelshafen auf dem Agneswerder. Er wurde notwendig, als Elbuferkais und Zollhafen den wachsenden Umschlag und den größeren Schiffsabmessungen nicht mehr entsprachen. Der nördliche Teil des Hafens mußte aus einem Grauwackerücken herausgesprengt werden, so daß die Sohle in 38 Meter über normal Null, teilweise 3 Meter in den Felsboden eingetieft liegt. Der Hafen ist 1.000 Meter lang, im Norden, wo sich auch die Einfahrt befindet, 90 Meter und im Süden 45 Meter breit.
1887	erfolgt die Aussprengung einer Schiffahrtsrinne in den Elbegrund in Höhe des Domfelsens.
1889	wird die Magdeburger Schleuse zugeschüttet. Durch den Ausbau der Elbuferbefestigungen, den damit verbundenen Stromregulierungen sowie den gestiegenen Leistungen der Radschlepper war sie überflüssig geworden.
1891	Ende der Erweiterungsarbeiten am Plauer- und Ihlekanal. Baubeginn war 1883. Die Arbeiten waren durch die Vergrößerung der Schiffe notwendig geworden.
1894	schließen sich die Einzelschiffer in Folge der Konkurrenz zur „Dampfschlepp-Schiffahrtsgesellschaft-Vereinigter-Elbe-und Saaleschiffer“ zusammen.
1895	liegt die Kette der Kettenschleppschiffahrt von Prag bis nach Hamburg auf einer Länge von über 770 km in der Elbe und in der Moldau.
	Der Umschlag steigt im Magdeburger Handelshafen auf fast 1 Mio. Tonnen; umgeschlagen werden: Metalle, Kies, Getreide, Futtermittel und Sackgüter wie Kakao, Reis und Kaffee.
1898	wird ein neuer Taucherschacht in Dienst gestellt. Mit diesem Spezialschiff werden in den nächsten Jahrzehnten umfangreiche Unterwasserarbeiten durchgeführt.
	Einstellung der Kettenschiffahrt zwischen Hamburg und Niegripp.

(Singbar nach der Melodie: Strömt herbei, ihr Völkerscharen)

Sind wir frohen Muts beisammen,
Wo die helle Freude glüht,
Wird der Frohsinn bald entflammen
Unser liebes deutsches Lied.
Ei, dann singt Ihr stets dasselbe,
Immerfort vom grünen Rhein;
Ist denn nicht die schöne Elbe
Auch es wert, erwähnt zu sein – ?

Herrlich sind die deutschen Länder,
Die der alte Rhein durchzieht,
Sagenreich die Felsenränder,
Weltberühmt in Wort und Lied;
Doch die Elbe kann sich messen
Mit dem landschaftlichen Reiz,
Wer sie sah, wird nie vergessen
In dem Sachsenland die Schweiz.

Schiffbar schon im Böhmerlande,
Fließt sie stolz durch Deutschlands Herz,
Knüpft des Handels mächt'ge Bande,
Segen spendend allerwärts.
Reißend über Felsenquadern,
Schäumend in der Dämme Hast,
Bildet sie des Landes Adern,
Als ein Urbild deutscher Kraft.

Burgen im Gebiet der Saale, –
Welch' ein Schmuck, so hoch und hehr!
In dem schönen Muldetale
Wogt ein gold'nes Ährenmeer.
Reiche Städte grüßend senden
Glockenklang vom hohen Dom;
Jung und Alt aus allen Ständen
Jauchzt: „Grüß Gott, mein Elbestrom!"

Ungeheure Warenlasten
Trägt Dein Rücken Tag und Nacht;
Hamburgs stolzer Wald von Masten
Zeugt von deiner hehren Macht.
Deutsche Elbe, dich zu ehren,
Bleibt kein deutsches Herze kalt,
Ja, dein Ruhm in allen Meeren
Voll Begeist'rung widerhallt.

Drum, Ihr Freunde, singt vom Rheine
Und ich stimme froh mit ein,
Doch die Elbe, wie ich meine,
Ist es wert, erwähnt zu sein.
Nennt Ihr unsern Rhein den Vater,
Ehrt ihm gleich den Elbefluß;
Deutschlands große Lebensader,
Mutter Elbe, Gott zum Gruß!

Von 1900 bis 1945

In den Jahren nach der Jahrhundertwende prägten die großen leistungsfähigen Schleppdampfer mit ihren Schleppzügen das Bild auf dem Strom. Die Kettenschiffahrt wurde nach und nach eingestellt und zuletzt nur noch auf der Magdeburger Stadtstrecke betrieben. Nach Ausfall der beiden noch im Einsatz befindlichen Kettendampfer durch Kriegseinwirkung wurde die Kettenschiffahrt auf der deutschen Elbe eingestellt. Der letzte Kettendampfer ging 1948 in Usti nad Labem außer Dienst.

Besonders hervorzuheben sind die Leistungen der deutschen Küstenschiffahrt, welche bis zur Inbetriebnahme des Mittellandkanals die Verbindung zwischen den Rhein- /Ruhrgebiet über die Nordsee bis Berlin und Dresden absicherte.

Der Bau des Industriehafens 1910 trug dem steigenden Bedarf der Wirtschaft an schiffstypischen Massen- und Schüttgütern Rechnung. Großartige Projekte wie die Vollendung des Mittellandkanals, der Bau der Häfen und des Schiffshebewerkes in Rothensee im Jahr 1938 prägten die Zeit der 30er Jahre. Die geplante Staustufe mit Schleuse im Bereich Herrenkrug und die Mittellandkanalüberquerung über die Elbe wurde begonnen, aber 1941 durch die hohen Kriegsbelastungen eingestellt.

1908 wurde erstmals in Magdeburg eine Schifferschule eröffnet und 1909 ein Schifferheim auf dem Werder eingerichtet. Ab 1939 führte das Deutsche Reich die Berufsausbildung in der Binnenschiffahrt gesetzlich ein. Der Schifferberuf erhielt damit als Facharbeiterqualifikation seine volle Anerkennung.

Mit der Inbetriebnahme des Mittellandkanals war das europäische Wasserstraßennetz entstanden. Die ehemals getrennten Stromgebiete des Rhein, der Ems, der Weser und der Elbe beendeten ihre eigene Entwicklung hinsichtlich der Schiffstypen und vor allem der Schiffsabmessungen.

Ein tschechischer Schleppdampfer (Signal am Schornstein) zieht einen schweren Schleppzug durch Magdeburg. Eine Versorgungsbarkasse hat am Vorschiff (Backbord) auf Seite festgemacht

16. Radschleppdampfer und Eildampfschiffe

1. Radschleppdampfer

Mit dem Aufkommen der Dampfmaschinen zu Beginn des 19. Jahrhunderts wurden auch die ersten Binnenschiffe mit solchen ausgerüstet. 1818 legte das erste Dampfschiff in Magdeburg an. Bis 1840 verkehrten auf der Relation Magdeburg-Hamburg bereits sechs Dampfschiffe.
Diese meist als Seitenradschiffe gebauten Dampfer dienten vornehmlich der Personen- und Stückgutbeförderung. Der Einsatz als Schlepper war aufgrund der geringen Kessel- und Maschinenleistungen eher sporadisch und nebensächlich.
Ab 1857 kamen die ersten freilaufenden, für den reinen Schleppverkehr konzipierten Schiffe auf.
Diese Schiffe wurden von der „Prager Dampf- und Segelschiffahrtsgesellschaft“ und der „Norddeutschen Dampfschiffahrts-Gesellschaft“ in Dienst gestellt. Die Schiffe besaßen schon eiserne Rümpfe aber noch hölzerne Decks. Zwei Kessel, vor und hinter der Maschine sicherten die Dampfversorgung. Die Schiffsmaschinen dieser ersten Schlepper waren Niederdruckdampfmaschinen. Die Schaufelräder waren noch starr und aus Holz gebaut.

Die geringe Leistungsfähigkeit der ersten Schlepper führte zur Einführung der Kettenschlepptechnologie ab 1866. Bis 1880 hatten sich die Regulierungsarbeiten am Elbstrom soweit gestaltet, daß auch die Einsatzbedingungen für die Raddampfer besser wurden. Die Ausrüstung der Schlepperneubauten mit verbesserten beweglichen Schaufeln 1883 und die Weiterentwicklung der Schiffsmaschinen zu Dreifach-Expansionsmaschinen ab 1885 ermöglichten den Bau und Einsatz großer, leistungsfähiger Schleppdampfer. Das wiederum führte zur Einstellung der Kettenschiffahrt.

Für die Nebenflüsse der Elbe und die Kanäle wurden aufgrund der vorgegebenen Schleusenabmessungen entsprechende Heckradschlepper gebaut. Die Entwicklung der Schleppschiffe war zu Beginn des 20. Jahrhunderts im wesentlichen abgeschlossen. Bis zur Einführung der Schubschiffahrt um 1965 bildete die Schlepptechnologie den Hauptbestandteil der Elbeschiffahrt.

Das 1889 gebaute Seitenraddampfschiff „König Albert“ besaß eine Länge von 66,50 m, eine Schiffsbreite von 7,02 m und eine Breite über die Radkästen von 12,52 m. Die Maschinen leisteten ca. 200 PS.

2. Eildampfer

Die Eildampfschiffe bestimmten bis zur Einführung des Dieselmotors das Bild der selbständig fahrenden Frachtschiffe. Die hier gezeigten Beispiele stellen schraubengetriebene Schiffe mit Dampfmaschine dar. Diese Schiffe waren als „Selbstfahrer" für die Beförderung eiliger Güter bestimmt.

In den Abmaßen bewegten sich die Fahrzeuge zwischen 40 und 50 Meter Länge um alle dem Elbegebiet angeschlossenen Nebenwasserstraßen zu befahren.

Daneben waren noch Seitenrad angetriebene Eilgüterdampfer im Einsatz, welche zusätzlich und bei Bedarf Kähne im Schlepp fahren konnten.

Die Schiffe waren mit eigenem Ladegeschirr ausgerüstet um bei Bedarf jederzeit Stückgüter an oder von Bord zu hieven. Das Ladegeschirr bestand im wesentlichen aus dem Lademast und dem schwenkbaren Ladebaum. Der Ladebaum wurde mittels Zapfen (Lümmel) in ein am Mast angebrachtes Lager (Lümmellager) gelagert. Der Mast war durch Wanten gesichert und zur Brückenpassage klappbar aufgebaut. Zwischen Mastspitze und Ladebaumspitze war der Hanger als Flaschenzug für die Auslage des Ladebaumes zuständig. Die Last wurde mit dem Runner oder Ladeläufer gehievt. Seitlich ließ sich die Last mit den Geien bewegen. An Deck aufgestellte Winden unterstützten die Arbeit.

Die Eildampfer wurden nach dem zweiten Weltkrieg durch die dieselgetriebenen Motorgüterschiffe abgelöst.

Flußfrachtdampfer für Elbe und Havel (erbaut von Paucksch, Landsberg a. d. Warthe)

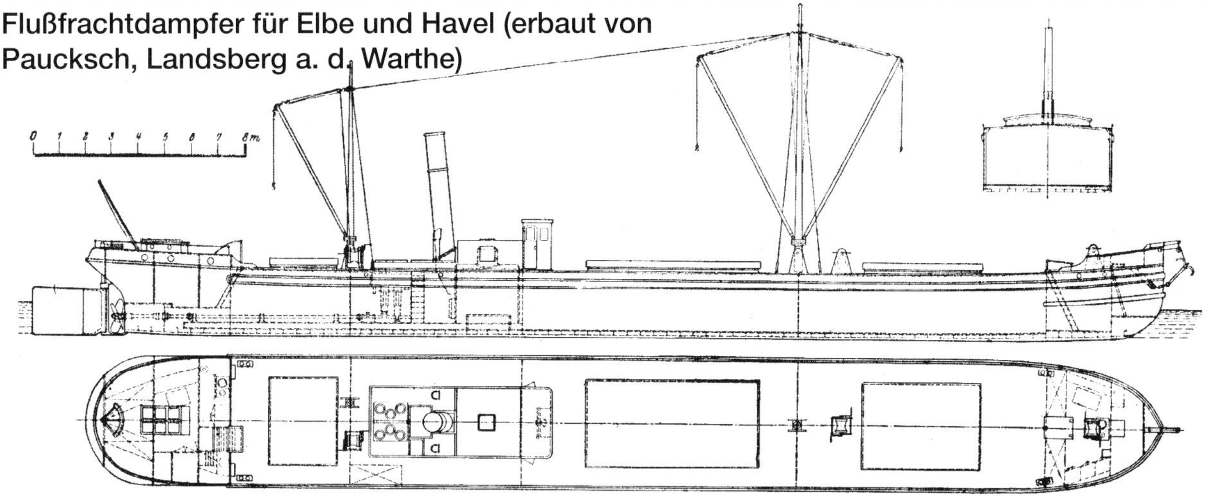

Länge über alles: 41 m - Größte Breite über Spant 4,97 m - Größte Breite über Bergholz: 5,1 m
Höhe und Unterboden bis Seitendeck 2,4 m

Seitenrad-Eilgüterdampfer 1903

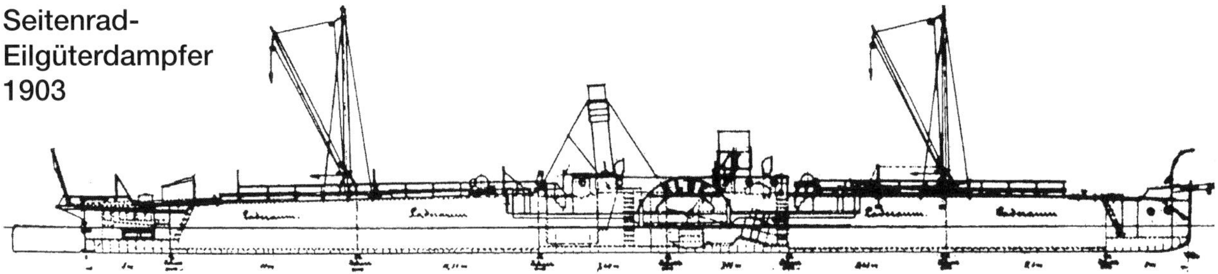

Länge über alles: 65 m - Größte Breite Schiffskörper: 7 m - Tragfähigkeit: 240 t - Laderäume: 4 - Leistung: 250 PS

Der Passagier-Schnelldampfer „Stadt Magdeburg“ am Packhof in der Bergfahrt. Das 70,5 m lange Seitenrad-Personen-Dampfschiff lief 1882 vom Stapel und konnte 1.220 Personen an Bord nehmen (Fotoarchiv: Eckbert Busch).

17. Zur Entwicklung der Magdeburger Schiffahrt 1913

Auszüge aus einem Artikel über die Entwicklung der Elbeschiffahrt vom Magdeburger Schiffahrtsdirektor Fr. Engel in der Kaisernummer der Magdeburgischen Zeitung vom 15. Juni 1913:

„Konnten früher die Fahrzeuge eine Tragfähigkeit von 200 Tonnen nicht überschreiten, so stieg der Fassungsraum bald auf 400, 700, 1000 Tonnen und mehr! Die amtlich bekannt gegebenen Zahlen ergeben, daß die Elbe im Jahre 1877 212 deutsche Schiffe von mehr als 250 Tonnen, darunter 21 mit einer Tragfähigkeit von 400 bis 500 Tonnen aufwies. 1907 war erstere Zahl auf 2760 angewachsen, darunter 1692 Schiffe mit mehr als 400 Tonnen, 663 Schiffe mit mehr als 600 Tonnen und 48 mit 1000 bis 1250 Tonnen Lademöglichkeit, und in der Zwischenzeit bis einschließlich des Jahres 1912 dürfte vorerwähnte Zahl der Frachtschiffe unter Berücksichtigung der die Elbe mitbefahrenden Kanalfahrzeuge bereits auf über 4000 angewachsen sein.

Das Versagen der ersten Raddampfer war lediglich eine Folge der damals noch unzureichenden betriebstechnischen Einrichtungen. Aber die fortschreitenden Erfolge; namentlich die Einführung der Kettenschleppschiffahrt muß als große Errungenschaft der damaligen Zeit bezeichnet werden; durch deren Hilfe war es zuerst möglich, einen regelmäßigen Schiffahrtsdienst in großem Maße einzurichten.

Im letzten Jahre vor der Einführung der Kette befuhren die Elbe 18 Dampfer mit einer durchschnittlichen Maschinenkraft von 160 indic. Pferdestärken. 1900 waren es bereits 29 Kettendampfer und 141 Schleppdampfer, von denen der stärkste über 1000 indic. Pferdestärken verfügte. Heute kann angenommen werden, daß auf der deutschen Elbe, abgesehen vom Hamburger Hafengebiet, 350 - 400 Dampfer mit mehr als 110.000 Pferdestärken dem Verkehr zu Diensten stehen.

Die Fortschritte auf technischem Gebiete, in Verbindung mit den Verbesserungen der Fahrrinne, haben dem Seitenraddampfer in bezug auf die Leistungsfähigkeit wieder die erste Stelle gesichert, ein Umstand, auf den es zurückzuführen ist, daß die ursprünglich von Hamburg aus betriebene Kettenschiffahrt im Laufe der Zeit eingeschränkt wurde und gegenwärtig nur von Niegripp aufwärts bis Raudnitz an die dortige, derzeit unterste Staustufe der kanalisierten österreichischen Elbestrecke unterhalten wird."

Auszüge aus einem Artikel über Magdeburgs Schiffahrts-Verkehr in der Kaisernummer der Magdeburgischen Zeitung vom 15. Juni 1913:

„Über den Schiffahrtsverkehr Magdeburgs ist zu sagen, dass er sich in der Zeit von 1875 bis 1910, also in 35 Jahren, verdreifacht habe und dass 1910 an den Uferstellen des Stadtgebietes an abgegangenen und ankommenden Gütern mehr als 2 Millionen Tonnen, also mehr als 40 Millionen Zentner, umgeschlagen wurden. Eine so grossartige Entwicklung des Magdeburger Verkehrs war nur möglich dank der ausgedehnten staatlichen, städtischen und privaten Lade- und Löscheinrichtungen und dank der durch die an der Schiffahrt beteiligte Kaufmannschaft und die Schiffahrtsgesellschaften in grosszügiger Weise geschaffenen Verkehrsgelegenheiten. Wie die Elbe eine Lebensader Magdeburgs, so sind die Reedereien recht eigentlich die Organe, welche das belebende Blut durch diese Adern treiben. Ohne die Elbe hätte Magdeburg den gewaltigen Aufschwung, den es namentlich in den letzten 50 Jahren erlebte, nicht machen können, aber auch nicht ohne seine intelligente, ihre Zeit verstehende Kaufmannschaft und ohne die Schiffahrtsfirmen, die es sich angelegen sein liessen, für zeitgemässe und leistungsfähige Ein- und Ausladevorrichtungen mit ausgedehnten Lagerräumen zu sorgen.

Auch der Staat und die Stadtgemeinde Magdeburg haben wesentlich zu diesem Aufschwung beigetragen: der Staat durch die grossartige Korrektion der Elbe und durch die fortlaufende Regulierung ihrer Fahrstrasse, die Stadtgemeinde Magdeburg durch Schaffung moderner Lade- und Löscheinrichtungen und durch Einrichtung von Verkehrs- und Schutzhäfen. Alles in allem ein Bild rüstigen Fortschrittes und gesunder Entwicklung.

Abgesehen von Hamburg ist Magdeburg der weitaus bedeutendste Umschlagsplatz an der Elbe. Es bedarf wirklich keines ziffernmässigen Nachweises hiefür, wenn man das Leben und Treiben auf der Elbe bei Magdeburg und auf den vielen und ausgedehnten Umschlagplätzen betrachtet. Hier tritt das Grossartige des Verkehrs, die Grosszügigkeit in seiner Bewältigung am besten zu Tage, und hier empfängt man erst den Eindruck, welch wichtiger Verkehrsfaktor die Binnenschiffahrt neben den Eisenbahnen ist und bleiben wird und bleiben muss. Es drängt sich jedem Beobachter ganz von selbst die Überzeugung auf, dass die Staatsbahnen nie und nimmer in der Lage sein werden, den gewaltigen Güterverkehr Deutschlands allein zu bewältigen und dass ohne die Schiffahrt Handel und Wandel notwendigerweise stocken müßten.“

Ein Seitenrad-Dampfschiff ist vor der Herrenkrug-Eisenbahnbrücke havariert. Der Heckrad-Dampfer „Minister" mit Heimathafen Lauenburg leistet Hilfe. Beide Schiffe gehörten der Reederei Burmester in Lauenburg.

Panoramaaufnahme von den Kaianlagen am Petri-

Ein Hochwasser hat die Schleppdampfer zum Halt in Magdeburg gezwungen. Die Eisenbahnbrücke in Buckau stoppte bei Hochwasser die Schiffahrt. Erst 1935 mit dem Umbau zur Hubbrücke verbesserten sich die Verhältnisse.

Bis zum Neuen Fischerufer lagen die Dampfschiffe bei Hochwasser. Am rechten Bildrand schaut ein Ladekran aus dem Wasser.

Ein tschechischer Schleppkahn ist bei Talfahrt vor der Strombrücke verklappt. Das Fahrzeug konnte geleichtert und geborgen werden. Gleichzeitig ermöglicht dieses Foto einen phantastischen Blick auf den Neuen Packhof.

Dieser quergeschlagene Kahn wird durch das angestaute Elbwasser überflutet. In das Brückenjoch hat man bereits einen kleinen Kahn quer eingeschoben, um den Havaristen zu stabilisieren und zu bergen.

Das im Hintergrund sichtbare Speichergebäude wurde im 2. Weltkrieg zerstört. An der Kai riß ein Schiffspaket (mehrere Schiffe) durch den Eisdruck von den Halteseilen . Die Kähne trieben vor die Pfeiler der alten Eisenbahnbrücke, die erst mit Umbau 1935 zur Hubbrücke wurde. Ein kleiner Bugsierer (Bildmitte) kam zur Hilfe.

18. Motorsegler auf der Elbe

Zu Anfang der dreißiger Jahre entwickelten sich neben den bis dahin üblichen Schifftypen die Motorsegler zum Träger eines relativ lebhaften Binnen-See-Verkehrs vom Rhein-/Ruhrgebiet in Richtung Berlin und die Oberelbehäfen. Zum westdeutschen Kanalnetz bestand durch den im Bau befindlichen Mittellandkanal noch keine Verbindung. So das Berlin und die Elbehäfen nur über die Elbe und Havel bzw. über die Oder erreichbar waren. Der Weg über die Oder wurde vor allem bei kleinen Elbwasserständen eingeschlagen.

Motorseglerpassagen durch Hamburg im Mai 1931 mit Ziel- / Abgangshafen Magdeburg

Name des Schiffes	von	nach	Ladung
Magaretha	Düsseldorf	Magdeburg	Futter
Armin	Dortmund	Magdeburg	Blech
Engelina-Marie	Magdeburg	Groningen	leer
Tim	Düsseldorf	Magdeburg	Futter

Neben den Verkehr Rhein-/Ruhrgebiet - Berlin waren die Verkehre zu den Elbhäfen umfangsmäßig nicht bedeutend. Nennenswert waren die in Magdeburg durchgehenden Verkehre ostpreußischer Segelschiffe mit Zellulose aus Tilsit, Ragnit und Königsberg zu den Elbhäfen nach Parey, Wittenberg, Riesa und Dresden. Diese Transporte erreichten 1936 einen Umfang von 10.000 Tonnen. Mit der Fertigstellung des Mittellandkanal hörten die Transporte mit den Motorseglern von den Rhein-/Ruhrgebieten über die Nordsee auf. Die nach dem II. Weltkrieg völlig veränderten Verkehrsbeziehungen im kombinierten Binnen-Seeverkehr entzogen vielen kleinen Küstenseglern die Beschäftigungsgrundlage im Elbegebiet.

Die Motorsegelschiffe im Küsten- und Binnenverkehr waren mit zwei bis drei Masten und einen Bugspriet ausgerüstet. Meist wurden Gaffel- und Stagsegel gefahren. Der Motorsegler „Thekla“ brachte im Mai 1935 260 t Zucker von Magdeburg nach Mainz. Eine zeitgenössische Schilderung gibt uns einen Einblick über das Leben an Bord:

„Das Schiff wurde 1931 gebaut und ist 36 m lang. Sein Tiefgang beträgt im vollgeladenen Zustand 2,20 m. Es ist mit einem Dreizylinder-Benz-Dieselmotor von 120 PS ausgestattet. Die Besatzung besteht aus 5 Mann, nämlich dem Kapitän Schöning, der gleichzeitig Schiffseigner ist, dem Steuermann, Bootsmann, Maschinisten und dem Schiffsjungen.
Die Thekla besitzt eine modern ausgestattete Küche und ein Wohnzimmer mit halb eingebauten Sofa und Buffet. Das Schlafzimmer enthält eingebaute Betten. Sämtliche Räume haben elektrisches Licht, es fehlt auch nicht ein modernes Rundfunkgerät. Eine gut eingerichtete Fremdenkabine gestattet die gelegentliche Beförderung von Gästen. Ein Neubau des Vaters des Eigners enthält sogar ein Badezimmer.“

Aus den Motorseglern entwickelten sich über mehrere Etappen die Küstenmotorschiffe. Bis in die zwanziger Jahre diente der Motor, meist ein 15 - 20 PS starker Glühkopfmotor, als „Flautenschieber“ oder zum Manövrieren im Hafen, also als reiner Hilfsmotor. Später wurden Dieselmotoren von 100 - 200 PS verwendet und die Segel nur noch bei gutem Wind und auf längeren Seefahrten benutzt. Nach den dreißiger Jahren war der Dieselmotor die Hauptantriebskraft und die Segel führte man nur für den Notfall mit. Die Masten wurden bis auf einen, der als Lademast diente, entfernt. Der Bugspriet teilte das Schicksal der Segelmasten. Mit der stärkeren Motorisierung entstand somit ein kanal- und flußgängiges Küstenmotorschiff.

19. Das Leben an Bord eines Elbkahns

Um die antriebslosen Kähne im Hafen zu verholen oder aus dem Hafen zu fahren, bediente man sich der entsprechend langen Schubstaken. Im Laderaum sieht man die zum Abstellen der Schiffe am Schrägufer benötigten Bundstaken.

Waren die Kinder noch nicht schulpflichtig, konnte die ganze Familie an Bord bleiben. Ansonsten mußte „Mann“ seine Wäsche allein waschen.

Bei Liegezeiten mußten die Schiffe mit allem zum Betrieb Notwendigen bebunkert werden. Neben Schmierfett, Öl, Kohle kamen auch Lebensmittel an Bord; in diesem Fall das Trinkwasser.

Das Schlepptau ist auf dem Schlepp-Poller zugelegt, läuft durch eine Führung in den Kesselaufbau und durch ein „Auge“ am dahinter stehenden Schleppblock. Die Mannschaft „schliesst“ das Tau auf, um ein sicheres „Auslaufen“ zu gewährleisten.

Hafenarbeiter beim Kohlelöschen. Der Greiferbetrieb hatte sich vor dem Krieg in den Häfen noch nicht voll durchgesetzt.

Beladung eines Schleppkahns mit Getreidesäcken am Packhof Petriförder. Die Anlieferung am Kai erfolgte per Pferdefuhrwerk. Durch das Abladen und Verstauen per Hand konnte der Umschlag Tage dauern.

Damit die Fracht stimmte, wog ein Kontrolleur die angekarrten Säcke ab. In diesem Fall erfüllt eine mobile Waage der Fa. Herm. Schulze die Aufgabe.

Anders wie in der Seefahrt war die Frau des Schiffseigners meist mit an Bord und kümmerte sich um Essen, Wäsche und auch den kleinen Schiffshund.

In wirtschaftlich schwachen Zeiten bildete die Kleintierhaltung an Bord ein notwendiges Muß.

Stauer beim Auskippen von Getreidesäcken in den Laderaum.

Mit Taucherschächten konnten Arbeiten am Grund der Wasserstraße ausgeführt werden. Zum Beispiel beim Verlegen von Rohrleitungen und Kabeln.

Nach dem Ablegen des Dampfers wurde Ordnung gemacht. Nach dem „Klar Schiff“ folgte das „Rein Schiff“. Dabei spülte man den Dreck mit einem Schöpfeimer (oder der Pütz) ab.

Auf das „Signal" am Schornstein wurde von der Mannschaft sehr viel wert gelegt - hier das Signal der ELBE-Dampfschiff-Genossenschaft Magdeburg.

Mit einer an Bord mitgeführten kleinen Feldschmiede konnten Reparaturaufgaben unterwegs erledigt werden. Auf diesem Bild sehen wir die Mannschaft im Kesselraum eines Dampfschiffes; links die Feuerklappe, rechts die Bunkerkohle.

20. Schifferheim und Schiffermission zu Magdeburg

„Um den Schiffern, die den größten Teil des Jahres in ihrem anstrengenden und zeitweise gefahrvollen Berufe unterwegs sind, auch jeweils einen Punkt zu bieten, wo sie von der Reise rasten können, sind mehrfach Schifferheime gegründet worden, so in Berlin, Dresden, Hamburg und Magdeburg.

Das Schifferheim in Magdeburg-Werder ist an einem Sonntag, den 14. Februar 1909, feierlich eingeweiht und der Benutzung durch die Elbschiffer übergeben worden. Dieses Heim, im freundlichen Villenstil erbaut und inmitten von Gärten gelegen, enthält im Erdgeschoß einen Vorraum, eine Diele mit Treppenhaus, ein Gast -, zugleich Lese- und Schreibzimmer mit anstoßender Küche, Schänke und Speisekammer, sowie einen größeren Saal, der für gewöhnlich durch eine verschiebbare Wand in zwei Hälften für Schulzwecke zerlegt wird, als ganzes für die Gottesdienste der Schiffer und ihrer Angehörigen und zu Versammlungen benutzt wird. An der einen Schmalseite des Saales befindet sich in einem erkerartigen Ausbau ein für gewöhnlich abgeschlossener Altarraum. Im Dachgeschoß sind ein Bibliothek- , Sprech- und Beratungszimmer, Stube und Kammer für den Hauswart, ein Schulzimmer für die Schifferschüler und Bodenraum.

Das Schifferheim verdankt seine Entstehung dem am 16. November gegründeten und am 17. Oktober 1907 als „Verein zur Errichtung und Unterhaltung eines Schifferheims“ in das Vereinsregister eingetragenen Verein.

Die Bestimmung dieses Schifferheims ist, den Gottesdiensten, Familienabenden, Konfirmandenstunden, der Schifferschule, der Schifferkinderschule, den Sprechstunden und im übrigen den in Magdeburg bei ihren Reisen vorübergehend anwesenden Schiffern als freundliche Unterkunft an Land zu dienen. Im Laufe des ersten Jahres sind hier 7.000 Schiffer eingekehrt und haben die Bücherei, das Lese - und Schreibzimmer, die in diesem befindliche Briefaufbewahrungsstelle, die ihnen zuteil werdende Rechtsauskunft, den Arbeitsnachweis und vieles andere gern und eifrig in Anspruch genommen. Mehr als 1.000 Kinder sind von den Kähnen in das Heim gekommen und haben hier den Tag zugebracht, eine Schifferkinderprivatschule ist mit Genehmigung der Regierung eingerichtet worden. Im Jahre 1909 sind 26 Vorträge über Gegenstände aus den verschiedensten Gebieten gehalten worden, an welchen im Durchschnitt 35 Schiffer die Zuhörer bildeten. Gottesdienst ist regelmäßig an jeden Sonntag und den Festtagen abgehalten und gut besucht worden.

Das 1945 beim Luftangriff zerstörte Schifferheim in der Oststraße 9 (Foto: Stadtarchiv 17702)

Links der provisorische Kirchenwagen, der bis 1955 als Schifferkirche seinen Dienst versah.

Das Bild unten zeigt eine Familie nach der Kindstaufe an Bord. Die Fotos wurden freundlicherweise von Frau Feige zur Verfügung gestellt.

249
188
134
96
2-6

Im Jahre 1910 sind in dem Heim auch die Versammlungen des zu Anfang des Jahres gegründeten christlich-nationalen Schiffervereins abgehalten worden. Alles in allem hat sich gezeigt, daß das Schifferheim sich als segensreiche Einrichtung für den Schifferstand der Elbe und der angrenzenden Stromgebiete bewährt hat."

Soweit ein zeitgenössischer Bericht aus dem Jahre 1926. Bis 1945 wurde das Schifferheim genutzt. Es stand seinerzeit in der Oststraße 9 auf dem Werder. Das Gebäude wurde bei den Luftangriffen am 16.01.1945 schwer getroffen. Als einziger Sachzeuge verblieb eine Kollektenbüchse, die aus den Trümmern geborgen werden konnte.

Im Juli 1951 nahm Herbert Feige seinen Dienst als Schiffermissionar in Magdeburg auf. Ein alter Schausteller-wagen in der Saalestraße (Am Kiesweg A) diente als Schifferkirche. 1955 wurde der Kirchenwagen von den Staatsorganen der DDR für baufällig erklärt und abgeschafft. Durch Vermittlung eines Schiffers wurde 1956 eine alte Badeanstalt erworben und zum Kirchenschiff hergerichtet. Bis 1975 diente das Kirchenschiff der Schiffermission. Durch den Strukturwandel in der Binnenschiffahrt, von der Schlepp- zur Schubtechnologie sowie der Motorisierung der Güterschiffe, den damit verkürzten Liegezeiten und den Verfall der traditionellen Familienschiffahrt stellte die Schiffermission 1975 ihre Arbeit ein. Das Kirchenschiff wurde verkauft und auf die Werft nach Parey verbracht. Es diente der Werftbelegschaft noch jahrelang als Sozialtrakt. In den neunziger Jahren wurde das Schiff abgewrackt. Nach dem Ausscheiden von Pastor Feige ging die Schifferseelsorge auf Pastor Haas über und wurde als Teilgebiet der Stadtmission weitergeführt. Noch heute können sich Schiffahrttreibende mit seelsorgerischen Problemen an die Stadtmission wenden.

Fotos links: Außen- und Innenansicht der 1955 in Dienst gestellten Schifferkirche im Schleusengraben

Elb-Industrie-Gelände der Stadt Magdeburg

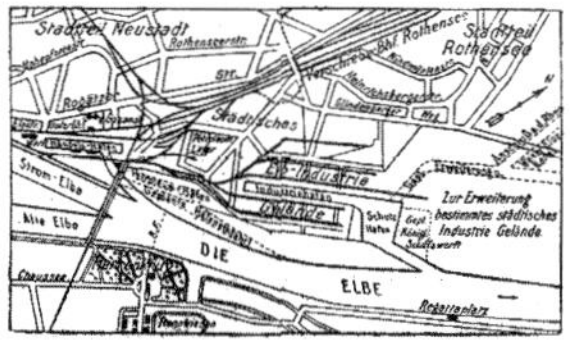

Hauptstadt
der Provinz Sachsen

Magdeburg an der Elbe

290 000 Einwohner
Im Herzen Deutschlands

Wasserstrassen- und Eisenbahn-Knotenpunkt; Zentralisierter Eisenbahn-Stückgutverkehr; Grösster Binnenumschlagsplatz der Elbe, einer der grössten Deutschlands.

Billige Lebenshaltung, gesunde Lage, geringe Sterblichkeit, vorzügliche Schulen, Theater, Museen, Parkanlagen, reges geistiges, musikalisches und sportliches Leben, Reichsbank-Hauptstelle; Sitz der grössten Provinz-Banken. **Lebhafter Handel, hervorragende Industrie.** Gute Schnellzüge nach allen Hauptplätzen, nach der See und ins Gebirge.

In Rechnungsjahr 1912 Gemeinde-Einkommensteuer um 10 % ermässigt.

Billiges neues städt. Elb-Industrie-Gelände!

100 ha baufertig; hochwasserfrei, mit Anschluss an Bahn und Wasser, Ent- u. Bewässerung, Gas, elektr. Kraft und Licht, unmittelbar an der Stadt.

Kurze Zeit nach Fertigstellung bereits mehrere Bauplätze zur Errichtung neuer Fabriken verkauft oder vermietet.

Günstige Bedingungen für Kauf und Miete. Gute Arbeiterverhältnisse.

Gelände für Arbeiterwohnungen in der Nähe.

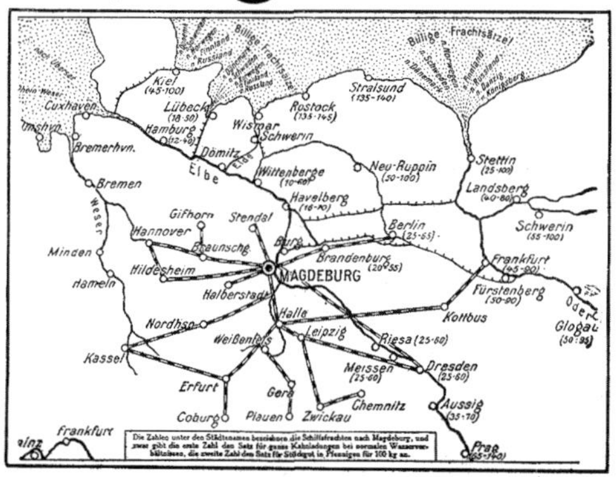

Hervorragender Platz Deutschlands für Niederlassungen u. Fabriken von Nahrungsmitteln, Gummi, Farbstoffen, Konserven, Leder, Seifen, Textilwaren, chemischen, chemisch-technischen, elektrotechnischen, pharmazeutischen, keramischen Produkten und Präparaten; für jede Industrie, die Salze, Säuren oder andere Erzeugnisse der chemischen Grossindustrie, Oele, Zucker usw. verarbeitet; sowie für die Metall- und Maschinenindustrie, die Papier- und Papierverarbeitungsindustrie, Oel- u. Fettwarenindustrie, den Schiffbau, die Tabakindustrie und die Holzverarbeitungsindustrie. Billige Kohlen, gute Bezugs- und Verlade-Möglichkeiten. Grosse, kaufkräftige, gewerblich und industriell rege, billig erreichbare Absatzgebiete. Bequemer Export nach allen Ländern auf vielen billigen Wasserwegen.

Eingehende Auskünfte über alle Fragen, Löhne, Frachten, Preise, Bezugsquellen usw. durch den

Magistrat der Stadt Magdeburg.

Städtische Werbung für den Industriehafen, Kaisernummer der Magdeburgischen Zeitung 1913

21. Die Elbkilometer bei Magdeburg

Standort	Bezeichnung linkes Ufer	km	Bezeichnung rechtes Ufer	Standort
		320	Mönchsgraben	gegenüber Fermersleben
	Koppelstelle Buckau	323	Salzquelle	Rotehornspitze
oberh. Sülzemündung	Der Grahl	324	Das rote Horn	gegenüber Buckau
Fähre Buckau	Sülzehafen	324,5		
		325	Stadtmarsch	Sternbrücke
Dom	Am Domfelsen	325,9		
unterh. Strombrücke	Am Packhof	327		
		328	Am Pionierhafen	
oberh. Nordbrücken	Magdeburger Vorland	329		
Einfahrt Handelshafen		329,9	Am Herrenkrug	Herrenkrugbrücke
	Am Apfelgarten	331		
Einfahrt Industriehafen	Die Mauseburg	333	Magdeb. Elbreede	
		334		Einfahrt Abstieg Hebewerk
	Rothenseesche Grube	335		
	Am Raddeldaddel	336,5		
	Der Lostauer Ecken	336,9	Ochsenhorn-Durchstich	
		338	Hohenwarther Loch	oberh. Autobahnbrücke
gegenüber Hohenwarthe	Am Schweinering	339	Am Weinberg	
Glindenberg	Die Sömmering	341		
		343		Mündung Elbe-Havel-Kanal
Heinrichsberg	Heinrichsberger Grube	345		

Stromkarte von 1929: Buckau Elb-km 323 - 324

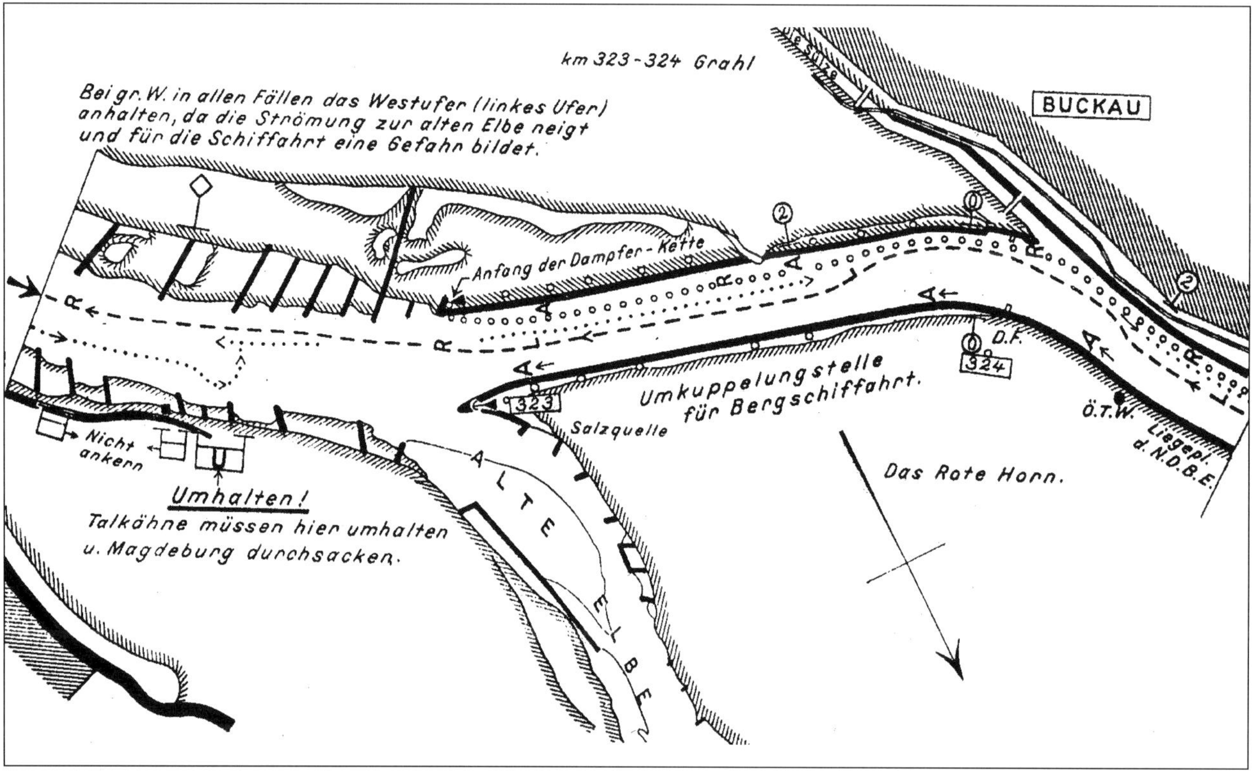

Bemerkenswert auf diesem Abschnitt war der Beginn der Schleppkette für die Kettenschiffahrt direkt gegenüber der Rotehornspitze und die „Umhaltetafel" links. Es war die Weisung für die Talschiffahrt die Kähne zu drehen und durch Magdeburg treiben („durchsacken") zu lassen.

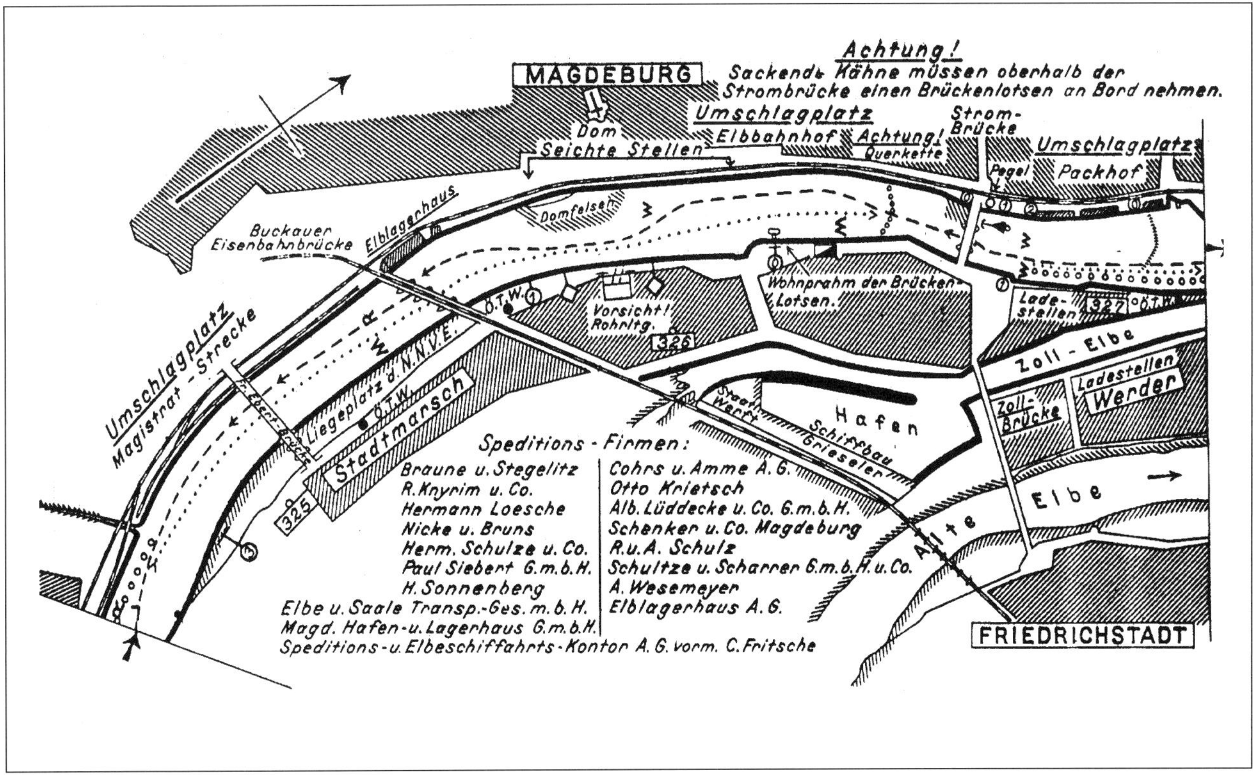

Die in Buckau umgedrehten Fahrzeuge ließen sich nun rückwärts durch den Elbabschnitt Magdeburg treiben. Vor der Strombrücke kam der Brückenlotse an Bord. Eine Querkette konnte bei Notankern eine Havarie mit den Brückenpfeilern verhindern.

Stromkarte von 1929: Alte Neustadt Elb-km 328 - 329

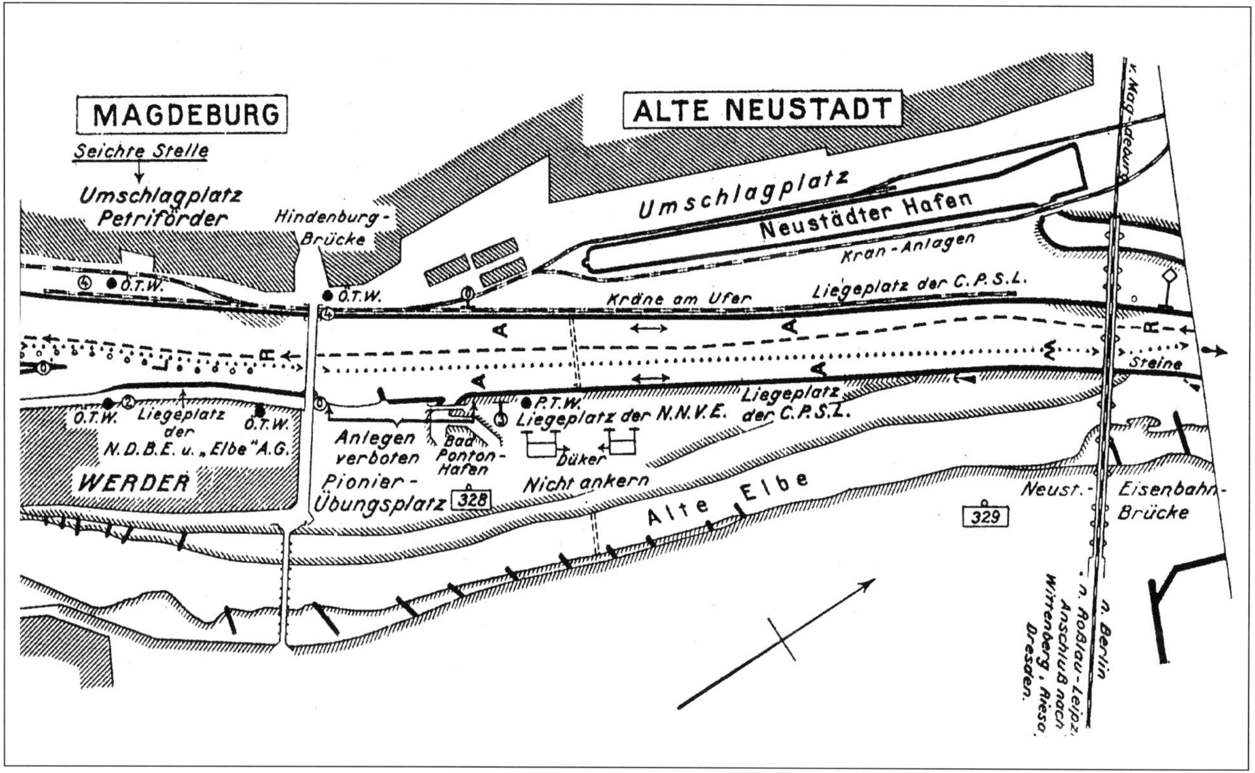

Alle Liegeplätze sind fest verpachtet: N.B.D.E. = Neue Deutsch-Böhmische Elbeschiffahrt; N.N.V.E. = Neue Norddeutsche Vereinigte Elbeschiffahrt; „Elbe" AG = Elbeschiffahrt Aktiengesellschaft; C.S.P.L. = Tschechoslowakische Elbeschiffahrt. Ö.T.W. und P.T.W. waren öffentliche und private Wasserentnahmestellen.

Stromkarte von 1929: Neustadt Elb-km 330 - 331

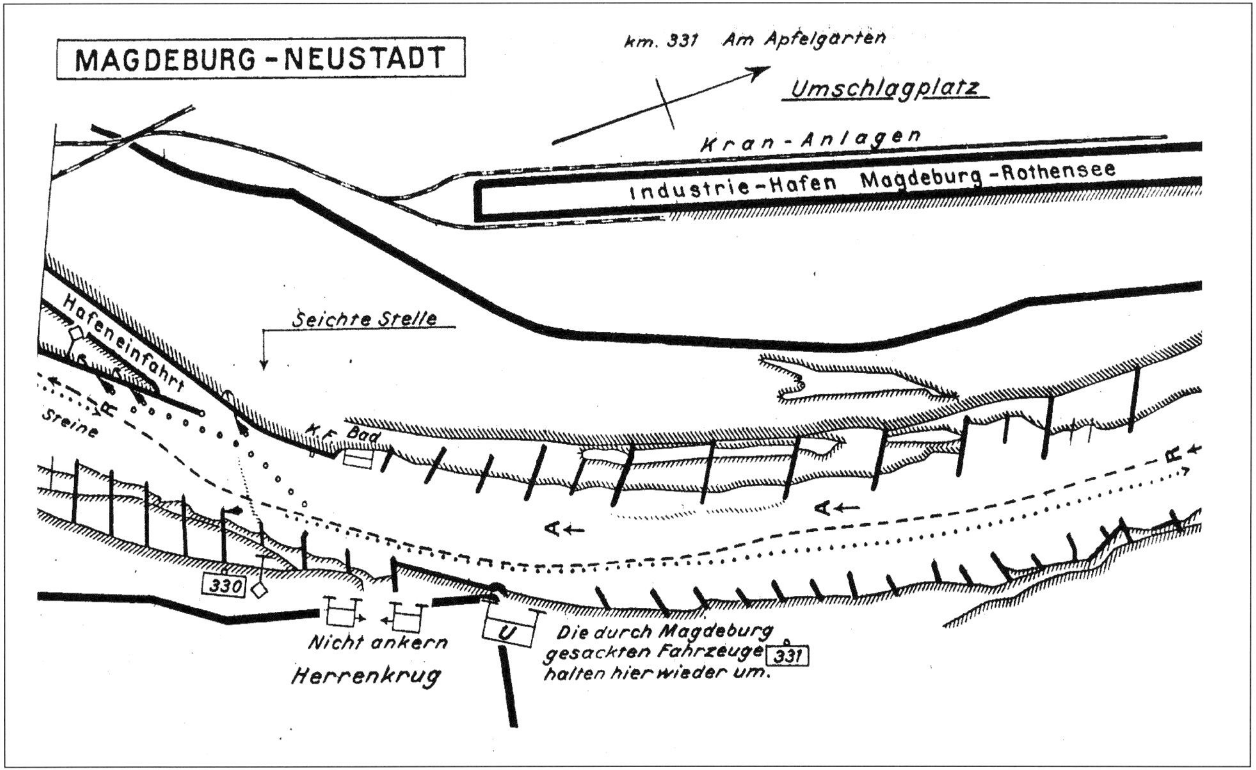

Am Elbkilometer 331 konnten die „durchgesackten" Fahrzeuge wieder umdrehen und ihre Talfahrt normal fortsetzen.

Stromkarte von 1929: Rothensee Elb-km 332 - 334

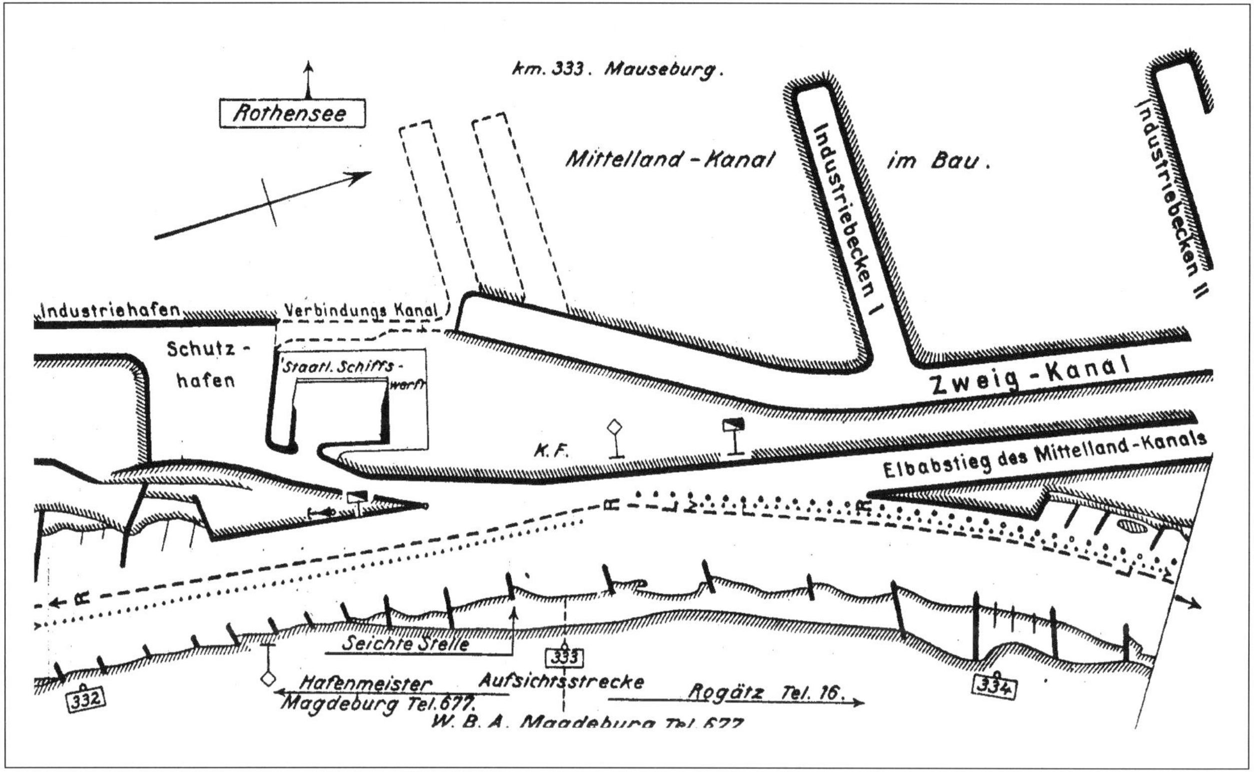

Dieser Abschnitt beinhaltet die Magdeburger „Elbreede“ - hier wurden die Schleppzüge zu Tal oder zu Berg nach dem Laden oder Löschen im Hafen zusammengestellt.

22. Schiffe auf der Magdeburger Elbe 1920 bis 1945

Damit die Eismassen die genieteten Schiffe nicht beschädigten, wurde mit der speziellen Eisaxt und der Eissäge der Kahn freigehalten. Das Schiff liegt am Schrägufer und wird mit Bundstaken abgehalten.

Kleiner Einschrauben-Dampfschlepper „Mercur“ im Wintereis März 1929 (Fotoarchiv: Eckbert Busch).

Sechs Schlepper bei Eisgang im Februar 1938 auf dem Weg nach Buckau. Rechts im Bild das Baugerüst für die schon damals geplante und begonnene „Neue Strombrücke". Die Schlepper sind zur Havariehilfe eingesetzt. Auch dieses Foto ist vom berühmten Elbschiffsfotografen Karl Müller (Fotoarchiv: Eckbert Busch).

Zwei große Seitenradschiffe, ein Heckradschiff und ein Kettenschiff bei der Bergung eines Havaristen, links im Bild (Fotoarchiv: Eckbert Busch).

Reichsverkehrsgruppe Binnenschiffahrt

Berlin NW 87 Fernruf: Sammel-Nr. C 9 Tiergarten 5241 Postscheck-Konto: Berlin 177862
Klopstockstraße 42 Telegramm-Adresse: Binnenfahrt Berlin Comm. u. Priv.-Bank D-Kasse U

-O- Berlin, den 6. Dezember 1935.

An die

Herren Vorsitzenden der Schiffer-Innungen
und Schiffer-Vereine!

Neuordnung der Binnenschiffahrt.

Durch die Verordnung der Reichsregierung über den organischen Aufbau des Verkehrs vom 25.9.35 (RGBl.I S.1169), die die Vertretung der Belange der Binnenschiffahrt und die fachliche Beratung der Unternehmer und Unternehmungen dieses Verkehrszweiges ausschliesslich der Reichsverkehrsgruppe Binnenschiffahrt überträgt, dürften die letzten Bedenken gegenstandslos geworden sein, die da und dort noch gegen die im Auftrage des Herrn Reichs- und Preussischen Verkehrsministers angeregte Auflösung der Schiffer-Innungen und die Umgestaltung der Schiffer-Vereine nach Massgabe der vom Zentral-Verein für deutsche Binnenschiffahrt e.V. herausgegbenen Mustersatzungen geltend gemacht worden sind.

Wir ersuchen hiermit die Schiffer-Innungen, die ihre Auflösung bezw. ihre Umwandlung in Schiffer-Vereine noch nicht vollzogen haben, sowie diejenigen Schiffer-Vereine, die ihre Satzungen noch nicht auf die vom Zentral-Verein für deutsche Binnenschiffahrt herausgegebenen

Mustersatzungen für Schiffer-Vereine umgestellt haben, dies nunmehr bis
spätenstens 15.Januar 1936 nachzuholen. Diese Frist genügt, um auch den
Innungen und Vereinen, deren Mitglieder sich das Jahr über auf Fahrt
befinden, die für die Auflösung bezw. Umwandlung erforderlichen General-
versammlungsbeschlüsse zu ermöglichen.

Dies ist die <u>letzte</u> Aufforderungm die wir auf Grund der
Verfügung des Herrn Reichsverkehrsministers vom 14.12.34 (S 2 p 4547/34)
an die Schiffer-Innungen und Schiffer-Vereine richten. Wir empfehlen
Ihnen dringend, diesem letzten Appel nachzukommen und bitten Sie, uns
bis zum 15.1.36 über die Auflösung der Innung zu berichten bezw. die
Satzungen des neuen Vereins in zweifacher Ausfertigung an uns einzusen-
dden.

Diejenigen Innungen und Vereine, die glauben sollten, sich
gegen das Ordnungswerk der Reichsregierung stellen und ihre bisherige
Organisation sowie ihren bisherigen Aufgabenbereich beibehalten zu kön-
nen, werden wir auftragsgemäss am 16.1.36 dem Herrn Reichs- und Preussi-
schen Verkehrsminister melden. Diese Innungen und Vereine haben mit
ihrer zwangsweisen Auflösung nebst den damit verbundenen Folgen zu rech-
nen.

Heil Hitler!
Der Hauptgeschäftsführer:

(Schreiber)

Ein imposantes Bild von Karl Müller. Das von der Strombrücke havarierte Schiff wird mit einem Dampfkran geleichtert, so nennt man die Frachtentnahme. Zwei Kreiselpumpen an Deck pumpen Wasser aus den leckgeschlagenen Laderäumen (Fotoarchiv: Eckbert Busch).

Das Fahrgastschiff „Gross Magdeburg“ - der Dieselmotor löst das Dampfschiff ab.

Der Raddampfer „Auguste“ bei Niedrigwasser 1934

23. Die Schifferschule in Magdeburg

Die ersten Schifferschulen in Preußen wurden im Jahre 1887 an der Elbe in Aken und Tangermünde eingerichtet, sie verdanken ihre Entstehung dem Magdeburger Schifferverein. Der zuständige Minister stellte zu diesen Zweck einen einmaligen Zuschuß von 500 Mark und eine Beihilfe von bis zu 1000 Mark jährlich für drei Jahre unter der Voraussetzung zur Verfügung, daß beide Städte die erforderlichen Schulräume nebst Heizung, Beleuchtung und Reinigung unentgeltlich herzugeben hätten. Aken und Tangermünde wurden als Orte für die ersten Schifferschulen aus dem Grund ausgewählt, weil in ihnen der Anteil der Einwohnerschaft vorzugsweise aus Schiffern bestand.

Der Erfolg war ein derartiger, daß bereits zwei Jahre später die Mittel zu drei anderen Schifferschulen in Klein-Wittenberg, Parey und Lauenburg bewilligt wurden. Außerdem wurde den Schulvorständen der Schifferschulen das Recht eingeräumt, denjenigen Schülern, welche einen ein- oder mehrjährigen Unterrichtskurs mit Erfolg besuchten, durch die Prüfung den Nachweis des erforderlichen Wissens beigebracht und sich über ihre praktische Befähigung ausgewiesen hatten, eine Bescheinigung zur Ausfolgung des Steuermannpatents durch die Landespolizeibehörde in der ähnlichen Art ausstellen zu dürfen, wie es bisher den Bezirkswasserbaubeamten zustand.

Der erste Unterricht in Magdeburg wurde 1908 und ab 1909 im neuen Schifferheim erteilt.
1925 waren im preußischen Elbegebiet folgende Schifferschulen vorhanden:

Ort	Gründung	Ort	Gründung	Ort	Gründung
Elster	1893	Gr.Wootz	1903	Aken	1887
Lauenburg	1889	Magdeburg	1908	Breitenhagen	1891
Kehnert	1898	Parey	1889	Tangermünde	1887
Bittkau	1901	Rogätz	1893	Schönebeck	1895
Vietze	1901	Mühlberg	1896	Kl.Wittenberg	1889
Kl.Rosenburg	1905	Werben	1910	Gr.Rosenburg	1901
Torgau	1911	Pretsch	1899	Wittenberg	1901

24. Magdeburger Häfen und das Schiffshebewerk

Der Dampfschrauben-Schlepper „Hertha“ ist mit einem Kahn auf Talfahrt im Trog des neuen Hebewerkes. Links oben ist deutlich der „Abschluß“ des Mittellandkanals zu erkennen. (Fotoarchiv: Eckbert Busch).

Ein im Holzgerüst stehender Kran wird im Handelshafen/ Elbkai montiert (Fotoarchiv: Eckbert Busch).

Bau des Rothenseer Verbindungskanals im Januar 1938. Rechts hinten ein dampfbetriebener Eimerkettenbagger, vorn links eine Dampframme (Fotoarchiv: E. Busch).

Spezialtechnik leistete schwere Arbeit beim Bau der Magdeburger Häfen. Mittels des Saugspülers wurde der Grund aufgesaugt und zum Abtransport auf ein Kahn verfrachtet (Fotoarchiv: Eckbert Busch).

Spezialtransport im Handelshafen/Stadtkai gegenüber der Hafeneinfahrt. Dampfkessel der Maschinenfabrik Buckau gehen per Schleppkahn auf Reise (Fotoarchiv: Eckbert Busch).

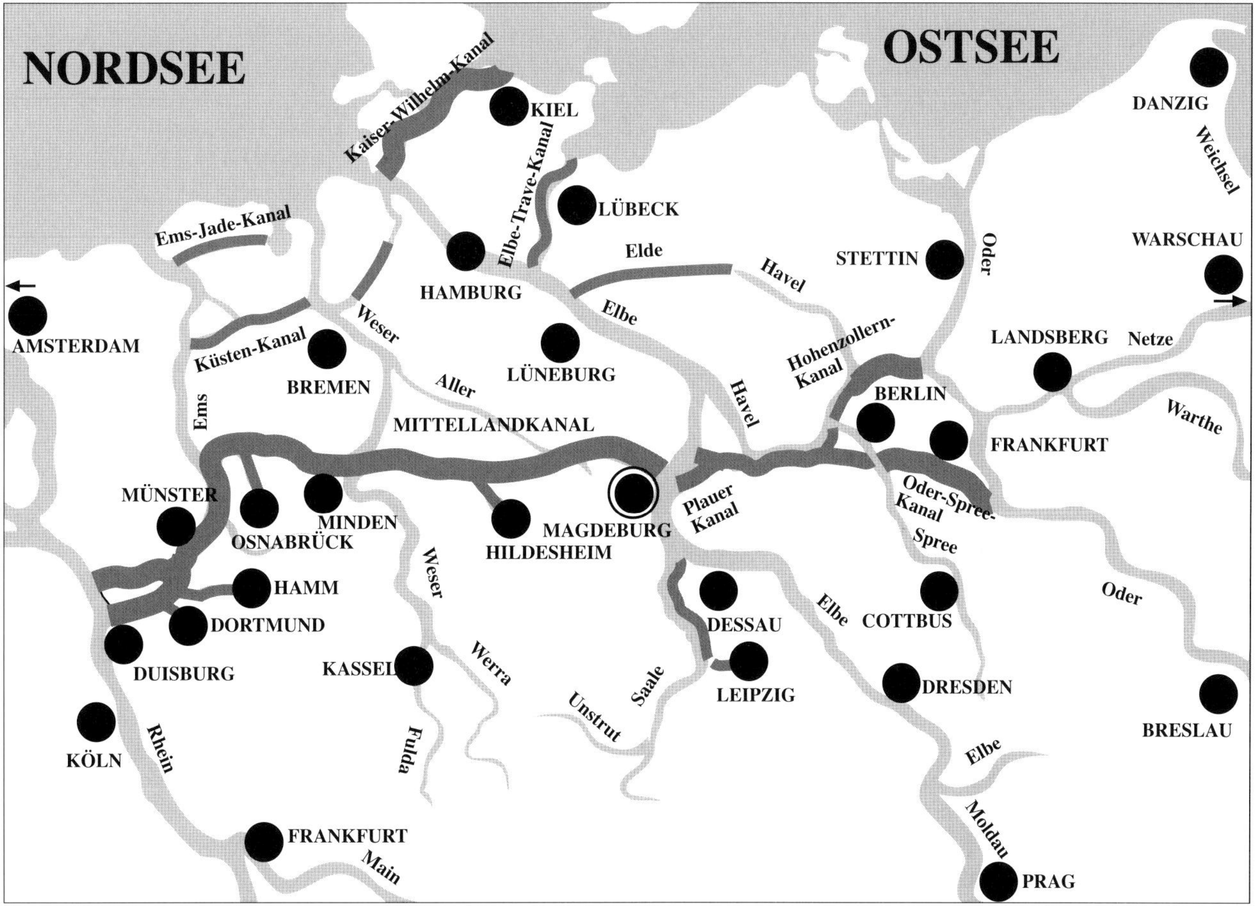
NORDSEE
OSTSEE
Kaiser-Wilhelm-Kanal
KIEL
Elbe-Trave-Kanal
LÜBECK
DANZIG
Weichsel
Ems-Jade-Kanal
HAMBURG
Elde
Havel
STETTIN
Oder
WARSCHAU
AMSTERDAM
Küsten-Kanal
BREMEN
Weser
Elbe
LÜNEBURG
Hohenzollern-
Kanal
LANDSBERG
Netze
Aller
Ems
MITTELLANDKANAL
Havel
BERLIN
FRANKFURT
Warthe
MÜNSTER
OSNABRÜCK
MINDEN
HILDESHEIM
MAGDEBURG
Plauer
Kanal
Oder-Spree-
Kanal
Spree
Weser
HAMM
DORTMUND
DUISBURG
DESSAU
Elbe
COTTBUS
Oder
KASSEL
Werra
Unstrut
Saale
LEIPZIG
DRESDEN
BRESLAU
KÖLN
Rhein
Fulda
Elbe
Moldau
FRANKFURT
Main
PRAG

1901 *„... mit der Verbesserung des Fahrwassers hat auch die Größe und die Tragfähigkeit der Schiffe ganz bedeutend zugenommen. Die Abmessungen der jetzt auf der Elbe verkehrenden gebräuchlichen, sowie der größten Lastfahrzeuge sind folgende:*

Schiffe	Länge (m)	Breite (m)	Tiefgang (m)	Tragfähigkeit (t)
häufigste	66,00	8,20	1,60	550
größte	79,00	12,30	1,85	1.000

Die größten Schleppdampfer haben jetzt folgende Abmessungen:

Länge (m)	Breite zw. Radkästen (m)	Bord/Bord (m)	Tiefgang (m)	indicierte Pferdestärken (PS)
60 - 67	13,5 - 16	7 - 8,5	0,9 - 1,2	650 - 900

und schleppen im Anhang 2.250 - 3.500 Tonnen.

Die neueren Eildampfer, welche etwa 200 - 300 t Güter aufnehmen können und zugleich noch etwa 600 t im Anhang zu schleppen im Stande sind, besitzen eine Länge von: 60 - 66 Meter, eine Breite von: 6 - 7 Meter ohne und eine Breite von: 11 - 13 Meter mit Radkästen.

Bei voller Ladung haben sie einen Tiefgang von 1,40 - 1,50 Meter.

	Die Kettendampfer sind 45 - 55 m lang, 6,80 - 8,20 m breit und besitzen 120 - 280 indicierte Pferdestärken.
	Die Segelschiffahrt nimmt von Jahr zu Jahr ab ...".
1902	wird die Königsbrücke in Magdeburg über die Elbe gebaut.
1903	vereinigten sich die „Kettenschlepp-Schiffahrtsgesellschaft-Oberelbe AG" und die „Vereinigten Elbe-und Saaleschiffer" zum neuen Aktienunternehmen „Vereinigte Elbeschiffahrtsgesellschaften". Der Schiffspark umfaßte 36 Seitenradschlepper und 28 Kettendampfschiffe.
1906	erreicht der Handelshafen Magdeburg seinen höchsten Umschlag, mit einer Gütermenge von rund 1,4 Millionen Tonnen.
1907	kauften die „Vereinigten Elbeschiffahrts-Gesellschaften" die 1894 gegründete „Dampfschiffahrts-Gesellschaft" auf. Dadurch rangiert sie an Kapitalstärke gleich hinter der „Hamburg-Amerika-Linie" und dem „Norddeutsche Lloyd".
	Der „Verein zur Einrichtung und Erhalt eines Schifferheimes" gründet sich in Magdeburg.
1908	wird die „Taube Elbe" im Stadtpark zum See ausgebaggert. Zu Ehren des Spenders, einem Magdeburger Bauunternehmer, wird der entstandene See, Adolf-Mittag-See benannt. Seit dieser Zeit wird im Stadtpark ein Ruderbootsverleih betrieben.
	Die erste „Schifferschule" wird im Winterhalbjahr in Magdeburg durchgeführt.
1908-1910	Anlage und Bau des Magdeburger Industriehafens. Der Hafen wird 1.670 m lang und ist bei normalen Elbwasserstand 62 m breit Die Sohle des Hafens liegt bei 36,8 m über normal Null.
1909	Betrug die im Fracht- und Schleppgeschäft von der „Vereinigten" beförderte Gütermenge 10,9 Millionen Tonnen.

	Stapellauf des Schleppdampfers „Württemberg", welcher heute als technisches Denkmal im Stadtpark Magdeburg an Land liegt.
	Eröffnung des Magdeburger Schifferheimes.
1910	gründet sich der „Christlich-Nationale-Schifferverein" in Magdeburg.
1912	Gründung und Aufbau der Staatswerft Rothensee zur Reparatur der Fahrzeuge der Wasserstraßenverwaltung.
1922	erfolgt der Bau der Sternbrücke in Magdeburg als Verbindung zwischen dem Stadtteil Buckau und dem Stadtpark.
1926	wird der Holzbau des Nordbrückenzuges über die Alte Elbe durch einen Stahlbau ersetzt.
1928	können die Magdeburger noch 14 Flußbadeanstalten nutzen.
1929	werden die Häfen Trennungsdamm, Gaserei sowie die Hafenbecken I und II im Bereich Magdeburg-Rothensee gebaut.
1930	nimmt das Luxus-Motor-Schnellschiff „Sachsen-Anhalt" der Magdeburger Reederei Stahlberg den Personenverkehr auf.
	Die Magdeburger Großgaserei geht mit ihren Hafenanlagen in Betrieb.
1932	erreicht der Hafen Trennungsdamm einen Umschlag von 0,5 Mio. Tonnen.
22.07.1934	zeigt der Elbpegel Magdeburg den extrem kleinen Wasserstand von nur 0,48 Meter an.
1934	wird die Hubbrücke umgebaut. Ab Pegel Magdeburg 3,30 m kann das Mittelteil der Brücke um max. 287 cm angehoben werden. Die Stützweite der Pfeiler beträgt 90 m.
1937	werden bereits 2,6 Mio. Tonnen im Hafen Trennungsdamm umgeschlagen.
1938	Geht das Schiffshebewerk Magdeburg-Rothensee in Betrieb und ermöglicht den Anschluß

an das westdeutsche Fluß- und Kanalsystem über den Mittelland-Kanal. Der Wasserspiegel des Kanals liegt 56 Meter über normal Null, daß heißt 13 Meter über dem angrenzenden Gelände.

Zur Aufschüttung eines 18 km langen Dammes für den Kanal bis Haldensleben wurden eine Million Kubikmeter Erde benötigt, die aus zwei Gruben am Kanal entnommen wurden. Dadurch entstanden der Barleber und der Jersleber See.

Der Mittelland-Kanal weist eine Wasserspiegelbreite von 40 Meter auf und ist für ein 1.000 Tonnen Schiff ausgelegt. Das Hebewerk überwindet bei Mittelwasser ca. 15 Meter, bei Niedrigwasserstand bis ca. 18 Meter Höhenunterschied zwischen dem Elbwasserstand und dem Wasserspiegel des Kanals. 70 Meter tiefe Schächte nehmen zwei Schwimmkörper auf, welche den Hebewerkstrog für die Schiffe tragen. Beide Schwimmer haben einen Auftrieb von 5.400 Tonnen. Der Trog ist mit 85 m Länge, 12 m Breite und 2,5 m Tiefe ausgelegt. Ein Hebevorgang dauert 20 Minuten.

18.02.1941 läßt ein Eisstau auf die Elbe in Magdeburg auf einem Hochwasserstand von 7,01 Meter anwachsen.

1945 erfolgt der letzte Einsatz der beiden Ketten-Dampfschiffe „NNVE 5“ und „NNVE 9“ auf der Magdeburger Stromstrecke. Der Betrieb der Kettendampfer wurde mit Aufkommen der großen Raddampfer nach und nach streckenweise eingestellt und die Kette und die Schiffe der Verschrottung bzw. durch Verkauf einer anderen Nutzung zugeführt.

16.01.1945 gehen die beiden letzten Kettenschiff neben anderen Fahrzeugen im Bombenhagel durch Treffer in der Zollelbe unter.

Mai 1945 Alle Magdeburger Bücken, bis auf die Hubbrücke sind gesprengt. Die gesamte Elbeschiffahrt ist zum Erliegen gekommen. Im Elbegebiet blockieren infolge der Kriegseinwirkungen 28 zerstörte Brücken und rund 650 versunkte Fahrzeuge das Fahrwasser und die Häfen.

Von 1945 bis 2005

Nach 1945 bot sich ein Bild des Grauens durch die schreckliche Zerstörung der Stadt. Der Schiffsverkehr war durch die zerstörten Brücken und gesunkenen Schiffe vollständig zum Erliegen gekommen. Erst im November 1945 schritt die Beräumung der Wasserstraßen soweit fort, daß der Schiffsverkehr wieder aufgenommen wurde.

In den Folgejahren wurde die Elbflotte grundlegend modernisiert. Dieselgetriebene Motorgüterschiffe lösten die alten Eildampfer ab. Nach und nach wurden die Schleppdampfer und Schleppkähne durch die in den 60er Jahren eingeführte Schubschiffahrt verdrängt. 1974 ging der letzte Schleppdampfer, die „Württemberg" außer Betrieb und als technisches Denkmal am Elbufer im Bereich der Stadthalle für immer vor Anker.

Nach der Wiedervereinigung Deutschlands wurde mit der Umsetzung des Verkehrsprojektes Nr.17 begonnen. Das Projekt sah vor, das alte Schiffshebewerk durch eine leistungsfähige Schleuse zu entlasten und die 1941 eingestellte Überquerung des Mittellandkanals über die Elbe zu bauen. Das gigantische Projekt wurde im September 2003 dem Verkehr übergeben.

Zunehmend prägen ab den 90er Jahren die großen Kreuzfahrtschiffe das Bild am Petriförder.
Viele ausländischen Touristen besuchen unsere Stadt beim Zwischenstopp. Kreuzfahrten werden beispielsweise auf der Relation Hamburg - Prag oder Amsterdam - Berlin angeboten. Auch der alte Winterhafen erfreut sich bei Wassertouristen, welche mit den eigenen Sportboot unterwegs sind, immer größerer Beliebtheit. Das Städtenetzwerk „Blaues Band" als Projekt des Landes Sachsen-Anhalt, mit dem Ziel das Wasserstraßennetz der Region touristisch zu erschließen, setzt dabei neue konzeptionelle Maßstäbe für die Zukunft. Dabei steht Magdeburg mit seinen sakralen Bauten, dem Wasserstraßenkreuz und seinen vielen kultur- und technikhistorischen Möglichkeiten im Mittelpunkt der Angebote.

26. Die Elbe im zerstörten Magdeburg 1945

Beginn der Bergungsarbeiten im Zollhafen - mit schwerer Hebetechnik werden gesunkene und beschädigte Schiffe gehoben und gesichert.

Ein trauriger Anblick für die Magdeburger Schiffahrt - im Hintergrund mahnt die zerstörte Johanniskirche, im Vordergrund schauen die Kessel eines Dampfers aus dem Wasser des Winterhafens.

Bild links - ein Schwimmkran mit Greiferbetrieb hebt Wrackteile vom Grund des Zollhafens. Bild rechts - aufgegebene Wracks wurden gesprengt; Vorbereitung einer Sprengung mit Gelantine-Donarit im Zollhafen.

Montag, den 5. November 1945 **STADT UND BEZIRK MAGDEBURG**

Die Elbe ist wieder schiffbar

Verbesserte Transportmöglichkeiten — Der Wasserweg nach Berlin

(Eig. Bericht) hm. Magdeburg, den 5. November.

Vor einigen Wochen ist der Schiffsverkehr auf dem in unserer Provinz gelegenen Teil der Elbe in beschränktem Umfange wieder aufgenommen worden. Nachdem in unermüdlicher Arbeit die zerstörten Brücken so weit aus dem Flußbett entfernt werden konnten, daß eine Fahrrinne entstand, wurde ein regelmäßiger Dampferdienst von Magdeburg nach Tangermünde und Dessau zur Personen- und Expreßgutbeförderung eingerichtet.

Das Transportproblem ist unsere Lebensfrage. Es gilt nicht nur die Produktion zu steigern, sondern die Erzeugnisse unserer Provinz müssen auch vom Herstellungsort an die jeweiligen Verbraucher herangebracht werden. Der Krieg und die Verantwortungslosigkeit der nationalsozialistischen Diktatoren hat die Transportmittel verknappt und dadurch den Ablauf des Wirtschaftslebens fühlbar erschwert. Eisenbahnen und Kraftfahrzeuge sind voll bean-

Laderaum ist heute lebensnotwendig.

Die zentralen Instanzen wissen das und haben über den Rundfunk einen Aufruf erlassen, Schiffsausrüstungen, Materialien und Rohstoffe für die Werften zu suchen und neu zu beschaffen, um sie der Binnenschiffahrt zur Verfügung zu stellen. Alle unteren Verwaltungs-

Ueberbeanspruchung nötig geworden, auf der Strecke Magdeburg — Tangermünde einen weiteren Dampfer einzusetzen. Dadurch ist es sogar für die Passagiere möglich geworden, montags und donnerstags an einem Tage von Magdeburg bis Rogätz und zurück zu kommen. Daneben qualmen auch die Schlepper wieder auf der Elbe und ziehen vollbeladene Lastkähne stromauf. Für die

Strecke Magdeburg — Berlin

fährt ebenfalls ein Dampfer im Personen- und Stückgutverkehr, und für die nächste Zeit ist geplant, einen weiteren Dampfer einzusetzen. Auch die Brandenburger haben sich den Ihlekanal wieder nutzbar gemacht und verschiffen Kohle für ihre Stadt.

Zeitungsausschnitt der Volksstimme vom 5. November 1945

Der Bau der im Krieg zerstörten Strombrücke erfolgte als Behelfsbrücke. Bis zum Bau der Neuen Strombrücke versah sie bis 1965 ihren Dienst.

Mangelnde Schleppkraft führte nach dem 2. Weltkrieg zu Behelfsmaßnahmen. Auf dem Foto die Probefahrt eines alten Schleppkahns, der mit zwei Traktormotoren bestückt wurde, um so als Selbstfahrer tätig zu werden, und die 1946 als Behelfsbrücke gebaute Strombrücke.

Der kleine Schlepper „Mittelelbe“ liegt im Handelshafen - Foto um 1950. Das Ankergeschirr mit dem Anker und dem Ankerbober - im Bild rechts vorn - ist für die Stromfahrt aufgeklart, d. h. der Anker ist klar zum Fallen. Der weiß gestrichene Ankerdavid - großer Kran am Bug - dient zum Einholen des Ankers bei Kanalfahrt.

Immer wieder gingen Schiffe an den Pfeilern der alten Strombrücke zugrunde.

Auch in diesem Fall ging ein Schiff vor der Magdeburger Strombrücke unter.

27. Das Leben geht weiter

Bild links: Die „Auguste“ hat die Kriegswirren überlebt und schippert die Magdeburger durch die noch immer zerstörte Stadt. Bild rechts: Nach Beendigung der Bauarbeiten an der heutigen Strombrücke wird die alte Behelfsbrücke 1965 demontiert.

Schubschiffe und Motorschlepper lösen die alten Dampfschlepper ab. Ein Blick vom Dom auf die Neue Strombrücke nach 1965.

Der Bau der Neuen Strombrücke ist vollbracht: Länge der Brückentafel ... 257,70 m, Breite ... 99,60 m, Länge mit beiden Rampen ... 757,70 m. Der Fortfall der Pfeiler wirkte sich für die Schiffahrt segensreich aus.

Ab 1964 kommen die ersten Stromschubschiffe zum Einsatz. Auf dem Panoramafoto fährt ein neuer Schubverband durch die neue Magdeburger Brücke zu Berg.

Ein Motorschlepper mit zwei beladenen Schleppkähnen auf Talfahrt durch die Neue Strombrücke.

28. Die Rothenseer Schiffswerft 1948 bis 1971

Die Leistungen der Werft dokumentieren sich am Besten in Ihren Produkten. Neben den Bau und der Reparatur von Fahrzeugen der Wasserstraßenverwaltung mußte die Werft nach dem 2. Weltkrieg umfangreiche Reparationsleistungen an die UdSSR abliefern. Neben den normalen Binnenfrachtschiffen liefen auch Fahrgastschiffe in Rothensee vom Stapel. Als Beispiel für die überragenden Werftleistungen dient ein Binnenmotorfrachtschiff für den Einsatz in der UdSSR (siehe Abbildung S. 161).

Schiffsneubauten 1948 bis 1971

Bauzeit	Typ	Anzahl	Bemerkungen
1948 - 1950	Seiner	17	Schwarzmeerflotte/ UdSSR
1950 - 1952	Seiner	28	Schwarzmeerflotte/ UdSSR
1952 - 1953	Schlepper	3	Seiner-Schlepper für die UdSSR
1952 - 1953	Klappschute	4	618 t, 225 PS
1952 - 1953	Klappschute	2	128 t
1952 - 1953	Schlepper	2	
1952 - 1954	Motorgüterschiff	5	712 t, 300 PS
1953 - 1956	Flußfahrgastschiff	14	für die UdSSR, Typschiff „Turgenjev“, 163 Pass., 300 PS
1953 - 1954	Kutter	14	
1953	Spülschute	2	
1954 - 1967	Schlepper	120	Seiner-Schlepper für die UdSSR
1954	Schlepper	2	Binnenschlepper, Typ „Anklam“
1955 - 1968	Motorgüterschiff	137	695 t, 600 PS, für die UdSSR
1958 - 1961	Seebäderschiff	4	Typ „Seebad Ahlbeck“, 308 Pass., 520 PS
1961 - 1971	Hafenschlepper	13	Typ „Oldendorf“, 920 PS, für Hafen Rostock
1961 - 1963	Fahrgastschiff	8	Typ „Johannes R. Becher“, 662 Pass., 450 PS
1963 - 1964	Seebäderschiff	2	Typ „Seebad Zingst“, 328 Pass., 600 PS
1965 - 1966	Schubprahm	6	Binnenreederei Prahm Typ 34, offen
1967 - 1970	Schlepper	34	Typ „Sadko“, 750 PS, für die UdSSR
1969 - 1970	Versorgungsschiff	12	Typ „Plavmagazin“, 193 t, 610 PS, für die UdSSR

Im Vordergrund Motorgüterschiffe im Hafen Trennungsdamm 1983 beim Umschlag, gegenüberliegend im Hafen Großgaserei löschen Schiffe aus Böhmen ihre Steinkohle.

Die Magdeburger Werft baute 429 Objekte, davon 258 Seeschiffe und 146 Binnenschiffe. Zuzüglich wurden noch eine Schleppbarkasse, ein Motorboot, ein Seekutterschiffskörper und ein Schiffskörper für ein Versorgungsschiff gebaut. Für ein weiteres Schiff fehlte der Nachweis. Insgesamt wurden 434 Schiffskörper auf Kiel gelegt. 368 Schiffe gingen in die UdSSR, davon 54 als Reparationslieferungen bis 1953. An Polen wurden 13 und an Bulgarien 4 Schiffe geliefert. Betreiber aus der DDR übernahmen 49 Schiffe.

Mit dem Stapellauf des Schleppers „Darsser Ort“ endete am 07.01.1971 die Tätigkeit als Schiffswerft. Aus der Werft entstand der VEB Entstaubungstechnik „Edgar André“.

Motorgüterschiff

700 t

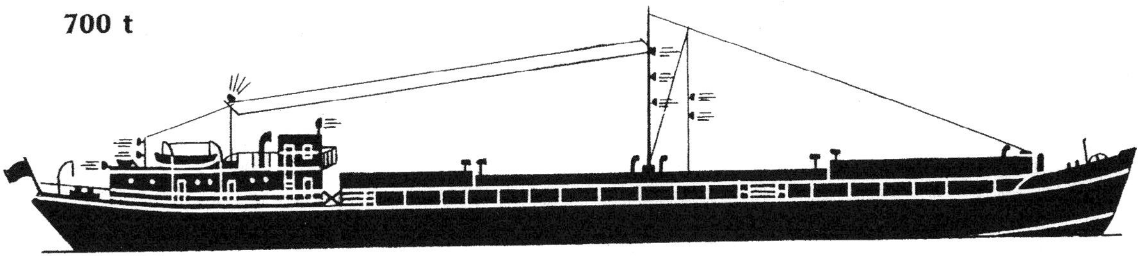

B. Allgemeines

1. Schiffstyp: Motorgüterschiff
2. Aufbautyp: Glattdeck mit Deckshaus
3. Klasse: Register UdSSR I★O
4. Geschwindigkeit: 16,5 Km/h d. h. 4,58 m/s
5. Fahrbereich: Gruppe „O“
6. Ausrüstungsdauer: ca. 10 Tage

29. Die Elbeschiffahrt bis 1990

Das Motorgüterschiff Typ „Boizenburg“ (Länge: 67 m, Breite: 8,20 m, Tonnage: 750 t) beim Passieren des Domfelsens zu Berg. Hier wurden keine Flaggensignale gesetzt, sondern es war Waschtag.

Schleppkähne der Deutschen Binnenreederei warten in Westerhüsen, am Kai von Fahlberg-List auf Ladung. Für unempfindliche und ungefährliche Ladungen wurden offene Schiffe ohne Deck eingesetzt.

Schleppkähne warten am „Vorland“ - hinter der damaligen Wilhelm-Pieck-Brücke - auf Abholung. Einer der letzten kleinen Bugsierschleppdampfer befindet sich auf Talfahrt.

Im Vordergrund ein Motorgüterschiff Typ „Boizenburg", im Hintergrund eines vom Typ „Oderberg". Beide Typen besaßen charakteristische Steuerhäuser.

Da die Stadtdurchfahrt selbst stets nur ein Schiff passieren durfte, gab es zwei Wahrschauerposten: für die Talfahrt auf den Resten der Sternbrücke (siehe Foto um 1970) und für die Bergfahrt auf der Werderspitze. Erst vor einigen Jahren ersetzte man diese Posten durch optische Signalträger mit Kamera, Lichtsignalanlage und Schiffsfunk.

Ein Stromschubschiff der Deutschen Binnenreederei Typ I (Länge: 25,5 m, Breite: 8,20 m, Leistung: 420 PS) links und ein Kanalschubschiff (Länge: 14 m, Breite: 8,20 m, Leistung: 180 PS) rechts im Schubverband auf Bergfahrt (Foto: Otto Zimmermann).

Die Magdeburger Hubbrücke ist die älteste Eisenbahnbrücke, die in Deutschland über einen Fluß führt. Im Vordergrund ein tschechisches Güter-Schleppschiff. Das Steuerhaus ist in der Mitte angeordnet, um beim Schleppen in den engen Kurven des oberen Elbtals einen besseren Drehpunkt zu erzielen.

Rechts oben der Rest, der im 2. Weltkrieg zerstörten Sternbrücke. Die Stadthalle ist bereits wieder aufgebaut und die bei den Magdeburgern beliebte Achterbahn ist in Betrieb. Auf der Elbe zieht ein Motorschlepper seinen Lastzug zu Berg.

30. Die Elbschiffe der DDR

Motorgüterschiffe

Der Neubau von Motorgüterschiffen der 50er und Anfang der 60er Jahre war ein wesentlicher Beitrag zur Rationalisierung in der Binnenschiffahrt. Die Schiffe sind als Einpropellerschiffe in voll geschweißter Ausführung und in Querspantbauweise gebaut. Die Schiffe wurden als Stevenschiffe mit Kreuzerheck ausgeführt. Im Mittelschiff hat das Motorgüterschiff einen Kimmradius von 250 mm und ein ebenes Hauptdeck. Ein Großteil der Motorgüterschiffe wurde nachträglich mit einer Schubschulter und den nötigen Kupplungselementen am Bug ausgerüstet um als zusätzliche Schubeinheiten zu fungieren.

Typ „Rothensee"

Diese Serie umfaßte lediglich drei Schiffe, welche in Magdeburg-Rothensee 1953 und 1954 vom Stapel liefen. Die Hauptabmessungen betrugen 67 m Länge und 8,20 m Breite bei einer Tragfähigkeit von 712 Tonnen und einer Antriebsleistung von 300 PS.

Typ „Roßlau/Boizenburg"

Von diesem Typ wurden 90 Schiffe in den Abmessungen 67 m Länge und 8,20 m Breite sowie einer Seitenhöhe von 2,50 m gebaut. Bei einen Tiefgang von 2,35 m konnten maximal 845 Tonnen geladen werden. Die Hauptmaschine vom Typ 8 NVD 36 Au (8 Zylinder Viertakt Diesel Normalhub mit Aufladung) leistet 308,7 kW bei einer Drehzahl von 375 U/min. Ohne Aufladung leistet die Maschine bei gleicher Umdrehungszahl 220,5 kW. Die Ankerausrüstung besteht aus elektrisch betriebenen Ankerwinden an Bug und Heck mit jeweils zwei Klippanker. Die Ruderanlage besteht aus einem Dreiflächenruder von System Hitzler bzw. vom System Jenkel. Ein Teil der Schiffe wurde in den 70er Jahren auf 80 m verlängert, so daß die Tragfähigkeit auf 1050 Tonnen anstieg.

Typ „Oderberg"

Von diesem Schiffstyp wurden insgesamt 12 Schiffe gebaut. Die Abmessungen unterschieden sich vom Typ „Boizenburg" dahingehend, daß die Seitenhöhe 2,30 m und die Ladefähigkeit 705 Tonnen betrug.

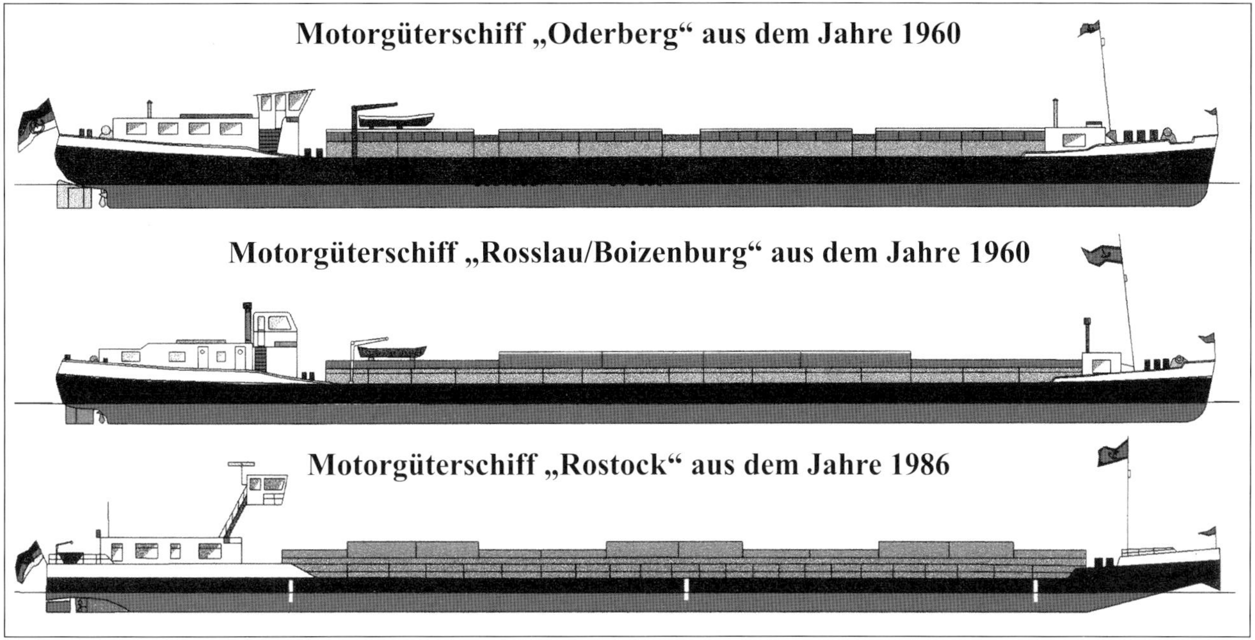

Typ „Rostock“

In den Jahren 1986/87 liefen vier Schiffe dieses Typs in Roßlau vom Stapel. Diese Schiffe wurden als Einraumschiffe, zum Schleppen und Schieben ausgelegt. Die Hauptabmessungen der Schiffe betrugen 80 m Länge, 9 m Breite bei einer Seitenhöhe von 2,50 m. Alle Schiffe waren als Doppelhüllenschiffe ausgeführt. Die Hauptantriebsanlage bestand aus zwei Schiffsdieseln und zwei Schiffsschrauben. Die Tragfähigkeit betrug 1.075 Tonnen.

Heute sind die Schiffe der ehemaligen „VEB Binnenreederei der DDR" alle privatisiert und im Rahmen der Weiterentwicklung der Schiffahrts- und Umschlagstechnologien entsprechend umgebaut bzw. umgerüstet. Echolot, Radargerät und Bugstrahlruder gehören heutzutage zur Standardausrüstung, genauso wie der Umbau des Laderaums zum Einraum-Laderaum. Ein Großteil der Flotte wurde verschrottet, daß betraf vor allem Schiffe mit hohen Verschleißerscheinungen. Vom Typ Rothensee existiert derzeit noch ein Schiff. Die vier letztgebauten Schiffe vom Typ „Rostock" befinden sich im Rhein/Main/Donau-Verkehr.

Schubschiffe

Schubschiffe sind maschinengetriebene Fahrzeuge zum Schieben von Schubprahmen. Entsprechend der gewählten Hauptabmessungen unterscheidet man Kanalschubschiffe, Stromschubschiffe und Schubbugsierer.

Stromschubschiff

Das Stromschubschiff ist ein vollgeschweißtes, stählernes Zweipropellerschiff in Ponton-und Querspantweise, mit paralleler Bordwandführung im Mittelschiff und flachem Boden. Im Bereich des Vorschiffes ist der Schiffsboden hochgezogen und geht in den Bugspiegel (vertikale Stirnwand) über. Am Bugspiegel sind die erforderlichen Schubschultern angebracht. Das Hinterschiff ist so gestaltet, daß es Platz für zwei Propellertunnel und die dahinter angeordneten Schiffsdüsen mit Balanceruder hat. Mittschiffs ist eine Totholzfläche angeordnet die kursstabilisierend wirkt und als Auflieger beim Slippen des Schiffes verwendet wird. Das Deckshaus ist in das Hauptdeck eingelassen. Im Deckshaus sind die Kajüten und der Maschinenraum untergebracht. Gebaut wurden fünf Serien von Stromschubschiffen in den 60er bis 80er Jahren.
Die einzelnen Serien haben folgende technische Daten:

	1. Baureihe	2. Baureihe	3. Baureihe	4. Baureihe	5. Baureihe
Länge über alles	25,65 m	21,65 m	23,65 m	23,65 m	28,70 m
Breite über alles	8,19 m	8,19 m	8,19 m	8,19 m	10,20 m
Seitenhöhe	1,65 m	1,85 m	1,85 m	1,85 m	1,50 m

Konstr.tiefgang	1,00 m	1,10 m	1,10 m	1,10 m	0,80 m
Deplacement	136 t	113 t	144 t	144 t	-
Hauptmaschine	2x6VD	2x6NVD	2x6NVD	2x6NVD	2x6VD
	21/15	26A-2	26A-2	26A-3	36/24-1U
Leistung	2x174 kW	2x221 kw	2x221 kW	2x287 kW	2x224 kW
Propellerdurchm.	0,96 m	1,20 m	1,20 m	1,20 m	-

Schubprahme

sind offene oder gedeckte besatzungslose Fahrzeuge zum Transport von Schütt-, Stück- oder flüssigen Gütern, welche mittels Schubschiffen transportiert werden.

Es wurden ab Beginn der Einführung der Schubschiffahrt ca. 800 Schubprahme in der DDR gebaut und zum Einsatz gebracht. Dabei wurden sogenannte „Kopfschubprahme" mit Ankerausrüstung und Bugruder auf den Vorschiff und sogenannte Zwischenschubprahme (ZSP) ohne die genannte Ausrüstung gebaut. Daneben wurden noch Großschubprahme (GSP) in Dienst gestellt. Die nachfolgende Tabelle gibt die wichtigsten technischen Daten an ausgewählten Beispielen wieder:

	SP 35	SP 36-1	ZSP 36-1	GSP 54	GSP 65
Länge über alles	32,50 m	32,50 m	32,50 m	54,00 m	65,03 m
Breite über alles	8,19 m	8,19 m	8,19 m	11,05 m	8,19 m
Maximaltiefgang	2,00 m	2,06 m	2,06 m	2,06 m	2,30 m
Maximalzuladung	432 t	429 t	455 t	960 t	983 t

Neben den hier genannten Typen wurden noch eine Reihe von Spezialschubprahmen, zum Beispiel für die Tankschiffahrt gebaut.

31. Der Seitenradschleppdampfer „Württemberg"

Der Schleppdampfer „Württemberg" liegt seit 1976 als letzter Vertreter der „Schleppschiffahrt" im Magdeburger Kulturpark an der Elbe auf Land.

Das Schiff wurde 1908/09 in Rosslau auf der Schiffswerft Gebrüder Sachsenberg gebaut und bei der „Neuen Deutsch-Böhmischen Elbeschiffahrt AG" in Dresden in Dienst gestellt. In den letzten Tagen des zweiten Weltkrieges wurde das Schiff bei Zehren durch Tieffliegerbeschuß beschädigt. Nach der Ankunft auf der Werft Dresden-Laubegast brannte das Schiff im Vorschiffbereich noch teilweise aus. Bis November 1946 war das Schiff wieder einsatzfähig und versah bis 1974 seine Aufgaben bei der „Deutschen Binnenreederei" Berlin. Am 30. April 1974 beendete das Schiff mit einer Ehrenfahrt an der Spitze der traditionellen Schiffsparade der „Weissen Flotte" in Magdeburg seinen aktiven Dienst.

Im Dezember 1974 wurde das Schiff unter Ausnutzung des Hochwassers auf die Elbwiese vor der Stadthalle geschleppt und am 15. Oktober des Folgejahres mit Hilfe von zwei Bergungspanzern der Roten Armee in Form eines umgekehrten Stapellaufes auf ein vorbereitetes Kiesbett gezogen. Die Auflage des Schiffes erfolgte hochwasserfrei, so daß keine Gefahr des Aufschwimmens bei Hochwasser besteht.

1976 wurde das Schiff zur neuen Nutzung als Museums- und Gaststättenschiff der Öffentlichkeit übergeben. Ein Teil der Kesselanlage und der Maschinenraum, sowie alle an Deck befindliche Ausrüstung ist im Original zu sehen. Im Vorschiff ist zudem ein Museum mit vielen Sachzeugen aus dem Arbeitsbereich der Schiffer untergebracht.

Technische Daten des Seitenrad-Schaufeldampfers „Württemberg“:

Länge:	63,80 m
Breite zwischen den Bordwänden:	7,23 m
Breite über die Radkästen:	15,17 m
Leertiefgang (ursprünglich):	0,83 m
Leertiefgang (durch Umbauten):	0,91 m

Der Schiffskörper besteht aus genieteten Plattengängen.

Die schrägliegende Zweizylinder-Verbunddampfmaschine erbrachte bei 35-45 Umdrehungen pro Minute eine Leistung von 460 kW (625 PS).
An Hilfsmaschinen sind ein dampfgetriebener Motor für den Antrieb des Bordgenerators, zwei Speisepumpen und eine Duplex-Dampfkolbenpumpe im Maschinenraum untergebracht. An Deck stehen zwei dampfgetriebene Schornsteinwinden zum Um- und Aufklappen der Schornsteine, eine Ankerwinde am Bug des Schiffes sowie eine Steuerwinde zum Ruderlegen.

Die Schaufelräder haben einen Durchmesser von 3,52 m,
die Fläche der Schaufeln betragen 3,30 m x 0,72 m.

Die Kessel erzeugten 2300 kg Dampf pro Stunde mit einem Druck von 1,2 Mpa (12,5 at).
Die zwei Zweiflammrohrkessel besitzen eine Heizfläche von 130 m^2.

Die Besatzung des Dampfers setzte sich aus dem Kapitän, zwei Steuermännern, zwei Bootsleuten, einem Maschinisten und vier Heizern zusammen.

Generalplan der „Württemberg" 1908/09

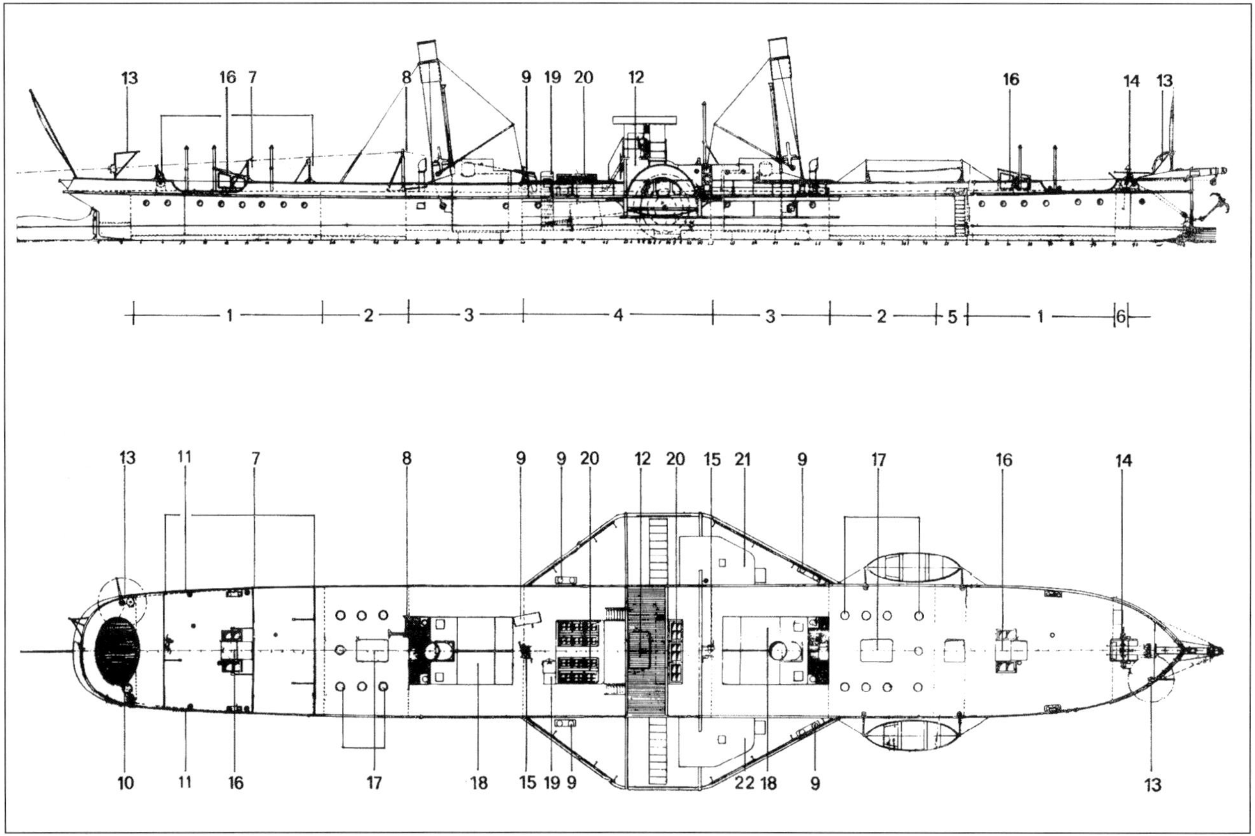

Raumeinteilung
1 - Besatzungsunterkunft
2 - Kohlenbunker
3 - Kesselraum
4 - Maschinenraum
5 - Laderaum für den Bordbedarf
6 - Kettenkasten

Ausrüstung
7 - Schleppbügel
8 - Schleppbock
9 - Schlepp-Poller
10 - Steuergeschirr (unter der Gräting)
11 - Reepleitung
12 - Dampfsteuerwinde (unter der Brücke)
13 - Ankerkran
14 - Ankerwinde
15 - Schornsteinwinde

Sonstiges
16 - Niedergang
17 - Kohlenbunkerluken
18 - Kesselhaube
19 - (Niedergang) (Maschinenraum)
20 - Oberlicht (Maschinenraum)
21 - Küche
22 - Aborte

(Foto: Christian Knoll)

Die „Württemberg" 1946 auf der Werft Laubegast in Dresden. Das Vorschiff war ausgebrannt und infolge der Hitze hatten sich die Niete einiger Außenhautplatten verformt bzw. gelöst.

Über die Toppen geflaggt dampft die „Württemberg“ zu ihrer letzten Reise 1974 in die damalige CSSR (Foto: Christian Knoll).

Dem Schiff wurde 1975 ein würdiger, hochwassersicherer „Ankerplatz" vor der Stadthalle am Elbufer gebaut.

32. „Die Felsen wachsen" - Stromregulierung in Magdeburg

Der Stromverlauf der Elbe wird seit Jahrhunderten vom Menschen reguliert. Im Mittelalter geschah dies meist örtlich begrenzt, später durch den zentralen und planmäßigen Bau von Deichen, Buhnen, Leitwerken und Deckwerken. Verstärkt wurden diese Arbeiten ab 1866 mit den Amtsantritt von Baurat Kozlowski in Magdeburg, welcher die Mittel- und Kleinwasserregulierung auf der Elbe, insbesondere für die Intensivierung der Frachtschifffahrt erkannte und umsetzte. Neben den bis dahin vorhandenen und bestehenden Bauwerken wurden bis zum Ende des 19. Jh. rund 6.900 Buhnen und rund 330 km Deck- und Leitwerke fertiggestellt. Die Magdeburger Stromstrecke ist durch drei quer zum Strom verlaufende Felsschwellen gekennzeichnet:

- Dem Domfelsen, Elbe-km 325,0 bis 326,2
- dem Strombrückenfelsen, Elbe-km 326,3 bis 327,3
- dem Herrenkrugfelsen, Elbe-km 329,0 bis 330,0.

Durch die oben geschilderten Regulierungsarbeiten änderte der Fluß seinen Charakter. Aus den relativ flachen, oft seinen Lauf verändernden, von Uferabbrüchen gekennzeichneten Strom war im Laufe der Jahrhunderte ein regulierter Fluß geworden, welcher durch die bewußte Einengung des Flußbettes keine Geschiebeablagerungen und damit verbunden keine Verlandungen und die Bildung von Sandbänken mehr zuließ. Das Ganze erfolgte mit einer kontrollierten Tiefenerosion des Flusses. Da die Felsbänke im Stadtbereich naturgemäß nicht mit erodieren konnten, wurden sie im Laufe der Zeit freigespült, die Schiffer sagten dann zum Ende des 19. Jh.: „die Felsen wachsen". Es handelt sich bei diesen Problem also um einen absolut normalen hydraulischen Vorgang.
Durch die im Flußbett liegenden Felsenriegel kommt es zu eingeengten Abflussquerschnitten, welche mit einem nicht unerheblichen Gefällewechsel einhergehen. Daraus resultieren relativ hohe Strömungsgeschwindigkeiten der Elbe. Sie erfordern vom Schiffsführer erhöhte Konzentration und jede Menge Erfahrung, um ein Schiff oder Schubverband sicher durch Magdeburg zu bringen. Neben der nun entstandenen hohen Strömung war eine Tauchtiefenbeschränkung durch die Felsen als ein weiteres Problem für die Frachtschifffahrt aufgetreten. In den vergangenen einhundert Jahren wurden die Felsen durch Sprengen bzw. Abmeißeln immer wieder den Verhältnissen angepaßt. Spezielle Wasserbaufahrzeuge, wie z.B. ein Taucherschiff und entsprechende Baggerschiffe bewältigten diese Aufgaben. Dabei wurde stets darauf geachtet, daß man nicht zuviel von den Felsbarrieren abgrub, um die Durchflußmengen im oberhalb gelegenen Stromabschnitt nicht ungünstiger zu gestalten. In den letzten Jahren stellte das Wasser- und Schiffahrtsamt Magdeburg in Zusammenarbeit mit der Bundesanstalt für Wasserbau und der Bundesanstalt für Gewässerkunde umfangreiche Untersuchungen zur Problematik Elbausbau an. Die bisher vorhandenen Ergebnisse bringen folgende Aussagen:

Das Wasser- und Schiffahrtsamt von Magdeburg befindet sich heute im ehemaligen Oberpräsidialgebäude.

- der Domfelsen muß im Bereich der Fahrrinne der Schiffe (und nur dort!) in den Felsspitzen bearbeitet werden,
- Auswirkungen auf den Dom in Fragen von Schwingungen und Erschütterungen sind nicht zu erwarten, die Werte liegen unter den von Straßenbahn und LKW erreichten Pegeln,
- eine Auswirkung für die Abflußmenge im Oberlauf trägt sich bis in den Raum Kreuzhorst, was aber keine Auswirkung auf die Tauchtiefe in diesen Bereich hat.

Das Ergebnis dieser Arbeit wäre eine Tauchtiefenverbesserung für die Schiffahrt von Abladetiefen bei 2,50 m für etwa die Hälfte des Jahres und von mindestens 1,60 m für 95% des Jahres. Was dieses für die Schiffahrt und den Umweltschutz bedeutet soll folgendes Beispiel belegen:

Im November 2001 rief mich ein Schiffseigner an, ob ich nicht sein Schiff von Rothensee nach Fahlberg-List in Fermersleben fahren könne. Sein Schiffsführer auf dem Schiff hätte kein Elbpatent und dürfe somit die Reise nicht antreten. Ich ließ mich also von meinem Kollegen mit dem Auto nach Rothensee bringen, und die Fahrt konnte losgehen. Das Schiff lag leer im Kanalabstieg und sollte zur Beladung am Mittag in Fermersleben liegen. Nach Ausfahrt aus dem Kanalabstieg fuhren wir zu Berg bis zum Petriförder und meldeten uns über Funk beim Wahrschauer „Werderspitze" zur Stadtdurchfahrt an. Da keine Talfahrt unterwegs war konnten wir sofort in die Stromenge einfahren und Strombrücke sowie Domfelsen zügig passieren. Da wir „Leer-Schiff" waren und die Elbe über 2 Meter Wasser hatte, lief das Schiff überall gut durch. Nach zwei Stunden Fahrt wurde in Fermersleben festgemacht und am nächsten Tag waren 900 Tonnen Weizen verladen. Nach der Beladung wurde das Schiff im Strom geklappt - d. h. umgedreht - und die Talfahrt konnte beginnen. Das Schiff ist mit einer elektro-hydraulischen Ruderanlage ausgestattet und reagierte im beladenen Zustand gut auf die Ruderbewegungen, bei einer Abladetiefe von 2 Meter und 900 t Ladung muß man als Lotse doch erst das Gefühl für ein fremdes Schiff entwickeln. Kurz vor dem Abzweig der „Alten Elbe" meldet man sich wieder beim Wahrschauer „Sternbrücke". Der Kollege vom Wasser- und Schiffahrtsamt erfragt über Funk die statistischen Angaben des Durchfahrers: Länge, Breite und Tiefgang des Schiffes, Reise von Magdeburg nach Hamburg, es folgen Auskünfte ob Verkehr zu Berg unterwegs ist oder ob die Durchfahrt frei ist. In unseren Fall hieß es: „Macht etwas langsam, ein tschechisches Motorschiff mit Schleppkahn im Anhang passiert gerade die Hubbrücke - ich sag Euch dann Bescheid wenn die Kollegen durch sind und dann könnt Ihr einfahren". Oberhalb der Buckauer Fähre nimmt man die Maschine auf langsame Fahrt und geht mit Kurs auf das rechte Ufer um die Krümmung an der Fähre. Mit hoher Drehzahl kann man nicht um diese Krümmung fahren weil der Strom auf das linke Ufer zufällt und das Schiff in die Grube schleudern würde. 900 Tonnen Ladung plus Eigengewicht des Schiffes wären im ungünstigen Fall auch nicht mit „Voll zurück" zum Stehen gebracht und auch ein Notankern

könnte nicht helfen. In langsamer Fahrt geht es auf die Sternbrücke zu. Der Bergfahrer ist durch die Hubbrücke durch und kommt uns entgegen. Der Wahrschauer meldet über Funk: „Ich schalte auf Grün - Ihr könnt weiter - Schönen Tag noch und gute Reise".
Die Maschine wird wieder höher gefahren, durch die Stadt mit Domfelsen und durch die Strombrücke benötigt man mehr Steuerkraft und eine Stunde später liegt das Schiff im Industriehafen. Ich steige von Bord und am nächsten Tag geht das Schiff zusammen mit einen anderen Motorschiff auf Seite gekuppelt zu Tal Richtung Hamburg.

Der Domfelsen im Elblauf bei Niedrigwasser im August 2003

Aber zurück zum Thema, um die 900 Tonnen Getreide nach Hamburg zu transportieren, wären 30 LKW mit je 30 Tonnen Ladekapazität nötig oder ein LKW macht 30 Touren. Das Schiff bringt die gleiche Leistung in der annähernd gleichen Zeit mit einen Einsatz von 300 PS und zwei Mann. Ein Vergleich der ausgestoßenen Abgase und Schadstoffe spricht für das Binnenschiff. Von den Lateralschäden in Bezug auf die Abnutzung und Durchlassfähigkeit der Straßen ganz zu schweigen. Es ist also sinnvoll auf das Binnenschiff zu setzen und den Ausbau der Elbe als Wasserstraße zu fördern. Selbst eine Verbesserung der Tauchtiefe von nur 20 cm bedeutet im Schiffsverkehr eine Zuladung von rund 100 Tonnen. Da die zu transportierenden Gütermengen in Mitteleuropa nicht weniger werden – das Gegenteil wird der Fall sein – ist es also nur kurzfristig gedacht, sich gegen die Verbesserung der Bedingungen für die Frachtschiffahrt zu stellen. Im Komplex betrachtet und bewertet ist eine Umlagerung der Transporte auf andere Verkehrsträger unsinnig.

Die angestrebten Ausbauziele der Wasser- und Schiffahrtsverwaltung geschehen unter Beachtung der neuesten Erkenntnisse der Fachgebiete Hydraulik, Morphologie und Ökologie. Im Konkreten bedeutet das:

- es werden keine Staustufen gebaut,
- Buhnen, Leit- und Deckwerke werden nur instandgesetzt und unterhalten,
- wo es geht und keine Fahrrinnenbeeinträchtigung entsteht werden naturnahe Ufer zugelassen,
- Sand- und Kiesbänke außerhalb der Fahrrinne werden zugelassen, so dass unterschiedliche Strukturen im Flußbett und an den Ufern entstehen, welche sich hinsichtlich der Wassertiefe und Strömung gut auf die Tier- und Pflanzenwelt auswirken,
- die Pflege und Unterhaltung der Gehölze erfolgt nur dort, wo die Verkehrssicherheit, der Abfluß und die Sicherung der Bauwerke dieses nötig machen.

Die Sensibilisierung des gesamten Themas, vor allem die breite Diskussion darüber, ist das Ergebnis der langjährigen und konsequenten Arbeit der Naturschützer und Umweltverbände, deren Anliegen mit diesen Zielstellungen entsprochen wird. Es wird auch keinen Schiffer geben, der nicht dafür ist, den Elbstrom zu schützen und zu erhalten. Forderungen nach einer Renaturierung des Flusses durch Ausbau der Buhnen, Leit- und Deckwerke sind unrealistisch, da sie zum Erliegen der Frachtschiffahrt aber auch zur Einstellung der örtlichen Fahrgastschiffahrt und dem sich entwickelnden Bereich der Kreuzschiffahrt mit Kabinenschiffen führen würde.

Reisen des MS „Altmark“ aus Magdeburg im Jahre 2000

Das Motorfrachtschiff „Altmark“ vom Magdeburger Schiffseigner Hans-Jürgen Wolf voll abgeladen auf Fahrt.

Ladetag	Gutart	Tonnage	von	nach
05.01.	Kali	980,5	Haldensleben	Hamburg
10.01.	Stammholz	835,0	Itzehoe	Lüttich - Belgien
20.01.	Schlacke	1.114,7	Dampremy - Belgien	Lünen
26.01.	Kohle	795,0	Westfalen	Berlin
03.02.	Leinsaat	945,3	Vahldorf	Wageningen - Niederlande
11.02.	Roheisen	980,6	Antwerpen - Belgien	Haldensleben
03.03.	Gerste	1.028,3	Magdeburg	Hamburg
10.03.	Gerste	994,6	Roßlau	Hamburg
17.03.	Tonerde	1.014,0	Bützfleeth	Düsseldorf
04.04.	Gerste	1.010,6	Magdeburg	Hamburg
10.04.	Gerste	956,6	Roßlau	Hamburg
14.04.	Gerste	984,7	Magdeburg	Hamburg
28.04.	Gerste	721,3	Magdeburg	Hamburg
03.05.	Hydoxyd	1.039,0	Bützfleeth	Maastricht - Niederlande
11.05.	Harnstoff	989,0	Antwerpen - Belgien	Krems - Österreich
09.06.	Stückgut	150,0	Mühlheim	Hamburg
14.06.	Tonerde	1.048,0	Bützfleeth	Düsseldorf
21.06.	Sand	874,0	Huckingen	Lübeck
29.06.	Sand(Ballast)	525,0	Witzeeze	Hamburg
30.06.	5 Großcolli	64,9	Lübeck	Hamburg
05.07.	Gerste	849,9	Magdeburg	Hamburg
10.08.	Glasbruch	869,0	Velten	Mainz
21.08.	Dünger	850,0	Ludwigshafen	Lübeck
29.08.	Holz	623,0	Lübeck	Lüttich - Belgien
08.09.	Sand	1.074,0	Marche les Dames	Lübbeck
18.09.	Gerste	809,9	Magdeburg	Hamburg
25.09.	Roggen	838,1	Magdeburg	Hamburg
02.10.	Hydroxyd	1.043,0	Bützfleeth	Maastricht - Belgien
11.10.	Weizen	980,1	Antwerpen - Belgien	Berlin
27.10.	Gerste	841,1	Magdeburg	Hamburg
31.10.	Tonerde	1.040,0	Bützfleeth	Düsseldorf
17.11.	Colli	250,0	Passau	Bremerhaven
01.12.	Kali	840,0	Sachsenhagen	Lübeck
05.12.	Braugerste	749,9	Lübeck	Salzgitter

Das Motorfrachtschiff „Altmark“ mit Heimathafen Magdeburg unternahm im Jahr 2000 insgesamt 39 Reisen mit 20 Gutarten und rund 33.700 t Ladung (in der Tabelle eine Auswahl).

Übersichtskarte zur Hafengeschichte Magdeburgs

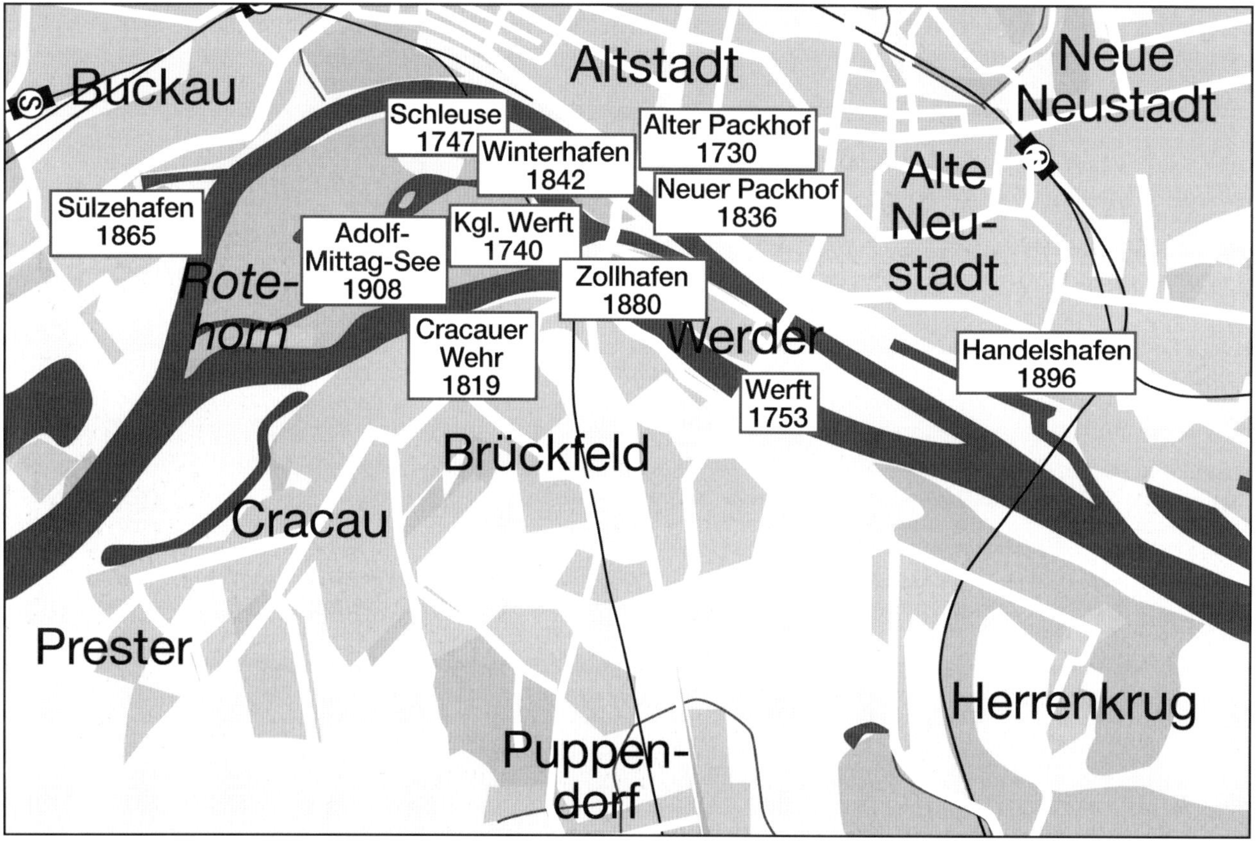

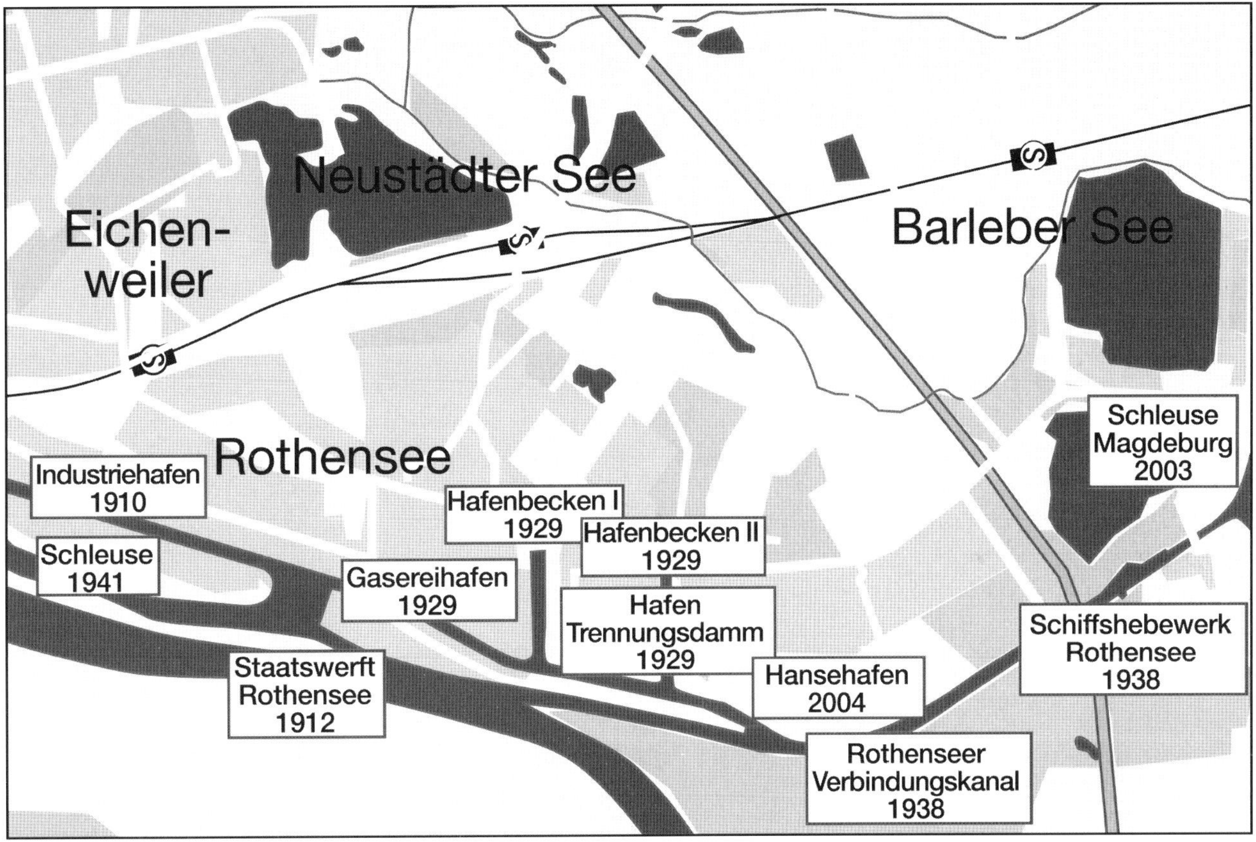
Neustädter See
Eichen-
weiler
Barleber See
Rothensee
Schleuse
Magdeburg
2003
Industriehafen
1910
Hafenbecken I
1929
Hafenbecken II
1929
Schleuse
1941
Gasereihafen
1929
Hafen
Trennungsdamm
1929
Schiffshebewerk
Rothensee
1938
Staatswerft
Rothensee
1912
Hansehafen
2004
Rothenseer
Verbindungskanal
1938

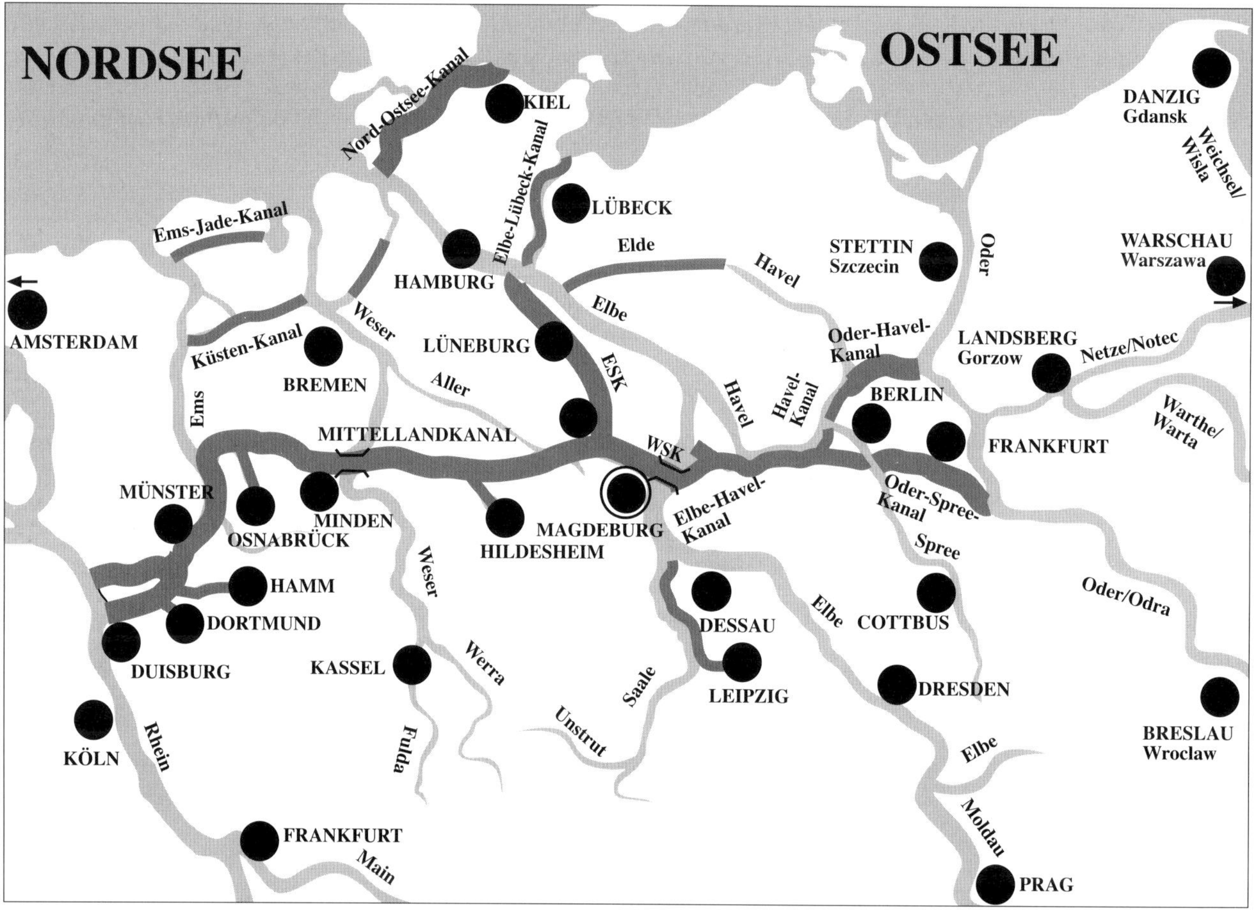
NORDSEE
OSTSEE
Nord-Ostsee-Kanal
KIEL
Elbe-Lübeck-Kanal
LÜBECK
DANZIG
Gdansk
Weichsel/
Wisla
Ems-Jade-Kanal
HAMBURG
Elde
Havel
STETTIN
Szczecin
Oder
WARSCHAU
Warszawa
AMSTERDAM
Küsten-Kanal
BREMEN
Weser
LÜNEBURG
Elbe
Aller
ESK
Oder-Havel-
Kanal
LANDSBERG
Gorzow
Netze/Notec
Ems
MITTELLANDKANAL
Havel
Havel-
Kanal
BERLIN
Warthe/
Warta
FRANKFURT
WSK
MÜNSTER
OSNABRÜCK
MINDEN
HILDESHEIM
MAGDEBURG
Elbe-Havel-
Kanal
Oder-Spree-
Kanal
Spree
HAMM
Weser
DORTMUND
DUISBURG
KASSEL
Werra
DESSAU
Elbe
COTTBUS
Oder/Odra
LEIPZIG
Saale
DRESDEN
Unstrut
KÖLN
Rhein
Fulda
Elbe
BRESLAU
Wroclaw
FRANKFURT
Main
Moldau
PRAG

33. Ausblick

Nach der Sicht auf rund 1.200 Jahre Magdeburger Schiffahrts- und Hafengeschichte stellt sich am Beginn des neuen Jahrtausends die Frage nach der weiteren Entwicklung der Elbeschiffahrt. Der Zusammenbruch der wirtschaftlichen Strukturen der alten DDR und die damit erfolgte Beseitigung vieler Betriebe ging an der Schiffahrt nicht spurlos vorbei. Die Großkunden der Elbschiffahrt wie Baukombinate, Kieswerke, Stahlbetriebe, Öl- und Getreidemühlen etc. verschwanden fast gänzlich, so daß es an schiffstypischen Massen- und Schüttgütern mangelte. In den letzten fünf Jahren ist allerdings ein verstärktes Anwachsen des Containerverkehrs aus dem Hamburger Hafen zu den Stationen der Mittel- und Oberelbe zu verzeichnen.

Der Zugang von Containern aus Fernost wird in den nächsten Jahren zunehmen und die Hamburger Wirtschaft steht vor dem Problem, die zu erwartenden Mengen im Hinterland zu verteilen. Durch die auftretende bauliche Enge bei der Anlage entsprechender Eisenbahn- und Autobahnanschlüsse im Bereich des Hamburger Hafen- und Stadtgebietes kommt der Elbeschiffahrt eine erhöhte Bedeutung zu. Besonders die Häfen Magdeburg, Aken, Rodleben, Torgau und Dresden werden zum Teil schon fahrplanmäßig angefahren. Zukünftig erfordert der Containerverkehr Elbeschiffe mit entsprechenden Containerstellplätzen, hohe Geschwindigkeiten vor allem in der Bergfahrt und ausreichende, möglichst geringe Tiefgänge, um bei Kleinwasser wirtschaftlich abzuladen. Unter diesen Aspekten forscht das Fraunhofer-Institut Magdeburg in Zusammenarbeit mit der Schiffswerft Roßlau nach multimodalen Logistikketten unter Einbeziehung der Elbeschiffahrt. Die Versorgung der im Bau befindlichen Müllverbrennungsanlage in Magdeburg ist ein Beispiel dafür, wie der wirtschaftliche Einsatz von Elbeschiffen erfolgen kann.

Mit dem Bau des Hansehafens und seinem Schwergutkai verspricht sich die Stadt steigende Aktivitäten bei der Verschiffung sperriger und schwerer Industrieerzeugnisse. Der ansässige Windkraftanlagenproduzent Enercon bildet dabei Basis und Anfang.

Das Wasserstraßenkreuz bei Magdeburg sichert die vom Elbwasserstand unabhängige Bedienung der von und nach Magdeburg gehenden Güter in Richtung Berlin, Hamburg und in das Rhein-/Ruhrgebiet. Hier ist mit einer Belebung der Schiffahrt im Durchgangsverkehr zu rechnen. Das Wasserstraßenkreuz Magdeburg, als das größte Bauwerk dieser Art in Europa läßt sich natürlich auch touristisch vermarkten. Der jetzt schon begehbare Aussichtsturm über der Steuerzentrale der neuen Schleuse und die geplante ständige Ausstellung zum alten Hebewerk wie auch zum neuen Bauwerk wird sicherlich auch in Zukunft viele Besucher und Gäste anziehen.

Ebenfalls nicht unbedeutend ist die Nutzung der Elbe durch die großen Kreuzfahrtschiffe verschiedener deutscher, niederländischer und französischer Reedereien, welche Touristen aus aller Welt ins Elbstromgebiet bringen. Aber auch der „kleine Wassertourismus“ hat sich in den letzten Jahren vorteilhaft entwickelt. Ausgewiesene Elbbereiche lassen Wasserski und Jetski zu. An einigen Elbstationen wie Wittenberg oder Heinrichsberg können interessierte Wassersportler Kanus oder Paddelboote ausleihen.

Am Ende der Betrachtung bleibt zu hoffen, daß unsere Stadt sich der Nutzung der Elbe unter den oben genannten Aspekten bedient und wie in der Vergangenheit positive Signale hinsichtlich der wirtschaftlichen und touristischen Entwicklung setzt. Dabei ist die Planung einer Marina genauso attraktiv wie der Neubau der Sternbrücke 2004.

34. Das Jahrhunderthochwasser 2003 in Magdeburg

Die Zollelbe von der Zollbrücke aus gesehen bei Hochwasser.

Durch die Zollbrücke kann ein Schiff bei normalem Wasserstand problemlos fahren.

Von den Resten der alten Sternbrücke bis zur aufgelegten Württemberg wälzt sich die Elbe bei Hochwasser durch Magdeburg. Die gesamte Elbwiese vor dem Schleppdampfer steht ca. 2 m unter Wasser.

Der Nordbrückenzug bei Hochwasser, im Vordergrund links die bei Ausfall der Lichtsignalanlage manuell zu betätigende Fahrtregulierungstafel für die Bergfahrt am Beginn der Magdeburger Stromstrecke. Das Denkmal in der Bildmitte soll drei Schiffsspanten darstellen und an den Schiffsbau in Magdeburg erinnern.

Sandsäcke füllen, Deiche verstärken, Deichbrüche verhindern, so lauteten die Aufgaben in den schweren Stunden des nahenden Hochwassers. Die schlimmen Bilder vom Oberlauf vor Augen leisteten tausende Freiwillige aus nah und fern, was immer sie vermochten. Diese Deutschland verbindende Hilfe ist schon heute eine historisch einzigartige Tat (Foto Jürgen Geyer).

Die Hubbrücke ist defekt, das Mittelteil bleibt ständig gehoben. Bei höheren Wasserständen ein Vorteil für die Schiffe, für die Magdeburger bedeutet es allerdings auch bei normalem Wasserstand ein ständiges Treppensteigen.

Auch wenn für Magdeburg das Schlimmste verhindert werden konnte, so traf es dennoch viele Menschen in den angrenzenden Gebieten schwer. Deichbruch bei Heyrothsberge (Foto Jürgen Geyer).

35. Magdeburgs Elbe heute

Im Juli 1992 gemacht, zählt diese Aufnahme schon zu den historischen Aufnahmen. Die alte Nordbrücke (Wilhelm-Pieck-Brücke) hat noch keinen zweiten Brückenzug. Ein tschechischer Schlepper zieht als Vorspann ein beladenes Motorschiff Richtung Stromenge. Im Hintergrund ankern tschechische Großschubprahme. Foto: Rudolf Schoeps

Die MS „Wolfsburg“ und die „Magdeburg“ am Petriförder. In der Bildmitte liegt das MS „Jack-Pott“ – dieses alte Fahrgastschiff diente von 1993 bis 1998 als schwimmende Spielbank (Foto: Rudolf Schoeps aus dem Jahre 1996).

In Vorbereitung der Bundesgartenschau 1999 in Magdeburg wurde der Herrenkrugsteg über die Elbe gebaut. Das Bild zeigt das rechte Ufer mit dem Fahrgastschiff-Steiger (Foto: Verlag).

Eindrucksvoll schauen die alten Kirchen im Juni 2000 auf den Petriförder hinab; rechts hinten im Bild die auf Betonpfeilern errichtete Schiffsmühle (Foto: Rudolf Schoeps).

Ein Kreuzfahrtschiff hat am Steiger festgemacht. Im Hintergrund befindet sich ein tschechisches Motorschiff in Bergfahrt. Aufnahme vom Juni 2000 (Foto: Rudolf Schoeps)

Zur Tourismusattraktion für die Magdeburger und ihre Gäste wurde die imposante Trogbrücke des neuen Wasserstraßenkreuzes auf jeden Fall (Foto: Verlag). Das Informationszentrum am Wasserstraßenkreuz soll für Touristen in nächster Zeit weiter ausgebaut werden.

Das Wasserstraßenkreuz kurz vor der Vollendung. Die Trogbrücke trägt bereits das Kanalwasser; Luftbild: Bärbel Kipka, Fotoclub 88.

Die neu gestaltete Elbuferpromenade wird von Magdeburgern und Gästen gern besucht. Auf dem Foto ist in der Bildmitte der Rest der alten Strombrücke, daneben der Elbepegel zu sehen. Die Fahne - das mittige Monument - hatte einstmals eher eine poltische Funktion, heute fügt sie sich hervorragend in die Neugestaltung ein (Foto: Rudolf Schoeps).

34. Navigation, Verkehrszeichen und Signale

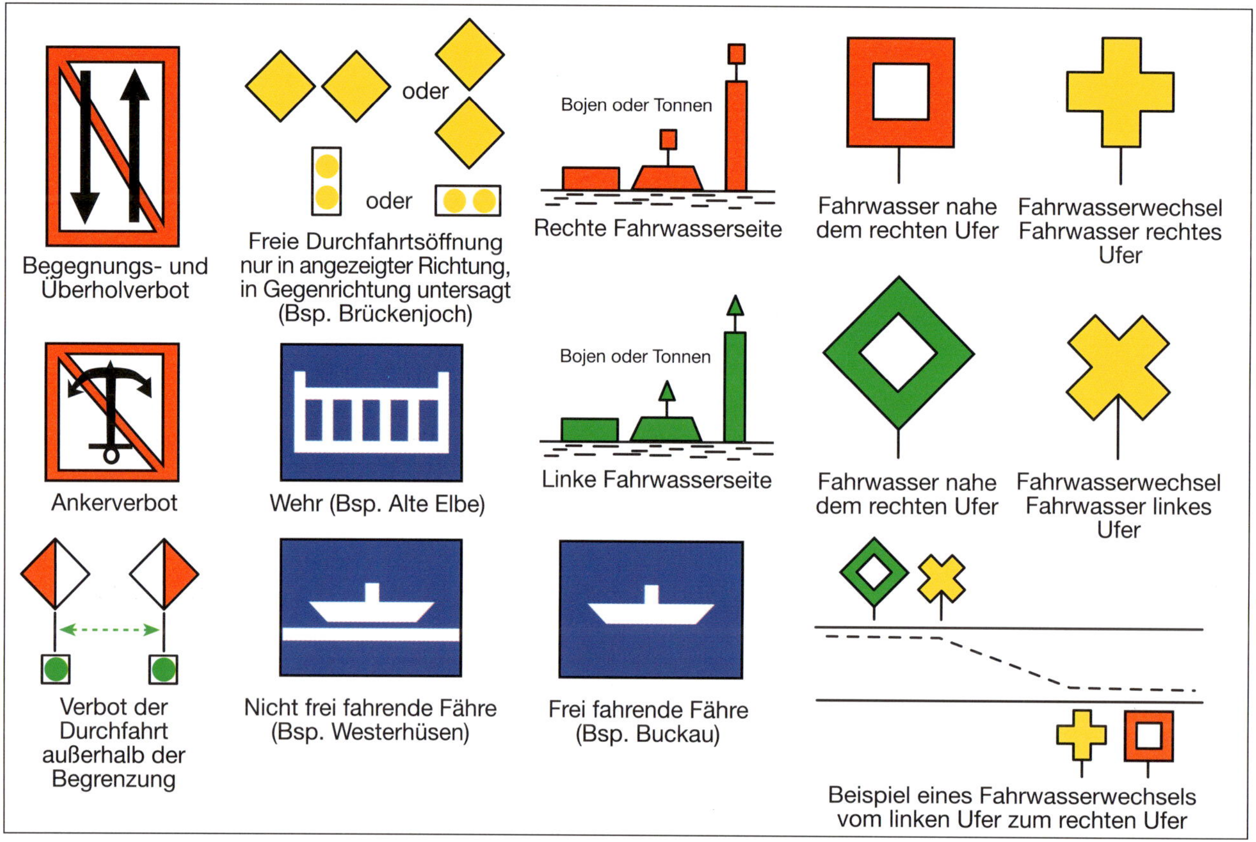

Eine Auswahl der im Magdeburger Stromabschnitt vorkommenden Verkehrszeichen

Allgemeine Schallsignale

▬	1 langer Ton	„Achtung“
■	1 kurzer Ton	„Ich richte meinen Kurs nach Steuerbord“
■ ■	2 kurze Töne	„Ich richte meinen Kurs nach Backbord“
■ ■ ■	3 kurze Töne	„Meine Maschine geht rückwärts“
■ ■ ■ ■	4 kurze Töne	„Ich bin manövrierunfähig“
▮▮▮▮▮▮▮▮	Folge sehr kurzer Töne	„Akute Gefahr einer Kollision“
▬ ▬ ▬	wiederholte lange Töne	„Notsignal“
■ ■ ■ ■ ■ ■	Folge von je 2 kurzen Tönen	„Mann über Bord“
■ ▬ ■ ■	1 kurzer, 1 langer Ton, 2 kurze Töne	„Stoppen Sie Ihr Fahrzeg“

Begegnungssignale

■	Erster Fall:	1 kurzer Ton des Bergfahrers	„Ich will an Backbord vorbeifahren“
■		1 kurzer Ton des Talfahrers	„Einverstanden; fahren Sie an Backbord vorbei“
■ ■		2 kurze Töne des Talfahrers	„Nicht einverstanden; fahren Sie an Steuerbord vorbei“
■ ■		2 kurze Töne des Bergfahrers	„Einverstanden; ich fahre an Steuerbord vorbei“
■ ■	Zweiter Fall:	2 kurze Töne des Bergfahrers	„Ich will an Steuerbord vorbeifahren“
■ ■		2 kurze Töne des Talfahrers	„Einverstanden; fahren Sie an Steuerbord vorbei“
■		1 kurzer Ton des Talfahrers	„Nicht einverstanden; fahren Sie an Backbord vorbei“
■		1 kurzer Ton des Bergfahrers	„Einverstanden; ich fahre an Backbord vorbei“

Die Westerhüsener Gierfähre setzt zur Kreuzhorst über. Im Hintergrund links die Umweltmeßstation für die Qualitätsfeststellung des Elbewassers.

1946	beginnt der Übersetzverkehr der Buckauer Fähre.
01.04.1947	eröffnet die Magdeburger Fahrgastschiffahrt den ersten Linienverkehr.
	In diesem Jahr erfolgt die Kiellegung des ersten Fischfangkutters für die sowjetische Schwarzmeerfischerei auf der Werft in Rothensee.
13.03.1948	geht der erste Neubau in Rothensee zu Wasser und wird auf MS „Magdeburg“ getauft.
1948	nehmen die „Deutsche Schiffahrts- und Umschlagsbetriebe Dresden“, Betriebsteil Magdeburg mit zwei Schiffen den regelmäßigen Fahrgastschiffahrtsbetrieb auf. Diesen Betriebsteil sind auch fünf Schiffseigner angeschlossen.
1951	Der Magdeburger Hafen schlägt bereits wieder 1.162.000 Tonnen um.
1952-1953	verlassen drei Binnenfrachtschiff-Neubauten die Werft in Rothensee: MS „Rothensee“, MS „Usedom“, MS „Berlin“.
1953	wird der Nordbrückenzug wiederhergestellt. Dabei finden die Stahlteile für die in den 30er Jahren geplanten, aber nie zur Ausführung gekommenen Strombrücke Verwendung.
	Die ersten Motorschiffe vom „Oderberg“ werden auf der Magdeburger Werft gebaut.
1954	Umbenennung der Rothenseer Werft in VEB Schiffswerft „Edgar André“. Fertigstellung des ersten 400 PS-Schleppers für die UdSSR.
1955	Stapellauf des ersten für die UdSSR gebauten Gütermotorschiffes als einer Großserie von 137 Schiffen.
1960	läuft auf der Werft in Rothensee das neu gebaute Fahrgastschiff „Erich Weinert“ vom Stapel. Mit 650 Personen Kapazität war das Schiff seinerzeit das größte und modernste der Magdeburger Verkehrsbetriebe.
	Die ersten Motorschiffe vom Typ „Oderberg“ und „Roßlau/Boizenburg“ sind im Einsatz.

August 1964	erreicht das sommerliche Kleinwasser in Magdeburg einen Tiefstand von 0,59 Meter.
Oktober 1964	trifft die in Berlin gebaute „Otto von Guericke“ in Magdeburg ein. Das Schiff hatte eine Kapazität von 280 Personen. Damit waren in Magdeburg sechs Fahrgastschiffe stationiert.
1964	wird die neue Sektionsbauhalle der Rothenseer Werft in Betrieb genommen.
1965	wird die neue 125 Meter lange Strombrücke dem Verkehr übergeben.
1969	Das Cracauer Wehr in der Alten Elbe wird um 50 cm erhöht.
	Stapellauf des ersten schwimmenden Kaufhauses für die UdSSR. Diese Bauserie der für den Einsatz auf sibirischen Strömen geplanten Einheiten umfaßte 38 Schiffe.
um 1970	sind die letzten vier großen Radschlepper bei der „VEB Deutsche Binnenreederei Berlin“, Flottenbereich 5, Magdeburg auf der Elbe im Einsatz.
1971	haben rund 400 Schiffsneubauten die Werft in Rothensee verlassen. Der Betrieb wurde nach Beendigung des Schiffbauprogramms in einen Betrieb der Entstaubungstechnik umgewandelt.
30.04.1974	beendet der Schleppdampfer „Württemberg“ seine letzte Reise und wird außer Dienst gestellt. Während des Dezemberhochwassers wird das Schiff vor die Stadthalle geschleppt und im Oktober des folgenden Jahres durch den Einsatz von zwei Bergungspanzern der in Magdeburg stationierten sowjetischen Truppen an seinen jetzigen Standort versetzt.
1974	Die Plastik „Fährmann“ wird an der alte Kaimauer im Bereich Uferpromenade aufgestellt.
1975	nutzen 310.000 Personen die „Weiße Flotte“ in Magdeburg.
1976	erfolgt die Übergabe der „Württemberg“ als Museums- und Gaststättenschiff.
1980	Das erste flachgehende Stromschubschiff mit einem Tiefgang von 0,80 m für den

	Elbverkehr werden auf der Werft in Genthin gebaut und in Dienst gestellt.
1986	verläßt das erste Motorschiff vom Typ „Rostock“ die Werft in Roßlau.
1988	erreichen die Magdeburger Häfen eine Umschlagleistung von 2.384 Mio. Tonnen.
1989	Bau einer neuen Spundwand im Winterhafen. Mit den Firmen Hollenbach eröffnet hier der Yachthafen Zollelbe und ein Bootsausrüster.
1991	Gründung des Magdeburger Elbe-Schiffer Vereins e. V.
1992	Gründung der Magdeburger Hafen GmbH, Gesellschafter sind das Land Sachsen-Anhalt und der Magistrat der Stadt Magdeburg
1993	erreicht die Hafen GmbH eine Umschlagsleistung von 2 Millionen Tonnen
Januar 1996	Die Elbe „steht“. Der Eisstau der gefrorenen Elbe erreicht Magdeburg. Die Elbe bildet eine geschlossene Eisdecke.
1997/1998	Feierliche Übergabe des Nordbrückenzuges mit der neuen „Jerusalembrücke“ über Strom- und Alte Elbe durch Oberbürgermeister Willi Polte.
1997	Baubeginn am Projekt Nummer 17 des Bundesverkehrsministeriums „Wasserstraßenkreuz Magdeburg“. Dabei soll von 1997 bis 2003 die Wasserstraßenbrücke des Mittellandkanales über die Elbe geführt und die Schleusen Rothensee sowie Hohenwarte gebaut werden. Das Projekt beinhaltet die Wasserstraßenanbindung von Berlin nach Hannover für moderne Großmotorgüterschiffe und Schubverbände.
1998	Übergabe der Fußgängerbrücke über die alte Elbe zwischen dem Stadtteil Cracau und dem Stadtpark.
	Die Fähre Buckau befördert 61.000 Personen, mit der Fähre Westerhüsen setzen 35.000 Personen über die Elbe.

1999	Das in Aken gebaute MS „Sachsen-Anhalt“ nimmt als Fahrgastschiff seinen Verkehr auf.
2000	Die erste Magdeburger Bootsmesse „Magdeboot“ findet auf dem Messegelände statt.
21.05.2001	Die neue Schleuse in Rothensee wird dem Verkehr übergeben: Länge 195 m, Breite 12,5 m, Hub je nach Elbpegel bis zu 16 m.
2002	Beginn der Abrißarbeiten an der Ruine der alten Sternbrücke, welche die Stadt mit dem Rotehornpark verband.
	Der Magdeburger Hafenbetrieb schlägt 2,4 Mio. Tonnen Güter um.
	Fertigstellung der Mittellandkanal-Überquerung über die Elbe.
19.08.2002	passiert die Jahrhundertflut der Elbe die Stadt Magdeburg. Mit 6,72 m Wasserhöhe am Pegel Magdeburg geht der Scheitel der Hochwasserwelle durch die Stadt.
	Auch das folgende Winter-Hochwasser erreicht eine beachtliche Höhe, wird für Magdeburg aber nicht bedrohlich.
2003	Umzug der Wasser- und Schiffahrtsdirektion Ost von Berlin nach Magdeburg.
	Bis Februar gingen 10.200 Schiffe durch die 2001 fertigestellte neue Magdeburger Schleuse.
	Seit dem 15.05. kann an Bord der Magdeburger Weissen Flotte geheiratet werden. Auf dem Motorschiff „Sachsen-Anhalt“ wird die erste Trauung an Bord vollzogen.
	Inbetriebnahme der Kanalquerung und der neuen Schleuse in Hohenwarthe. Damit ist die Elbüberquerung des Mittellandkanals abgeschlossen.
2004	Die Sternbrücke und der Hansehafen wird gebaut.
2005	Das Land Sachsen-Anhalt steigt vertragsgemäß aus der Magdeburger Hafengesellschaft aus. Die Stadt ist damit alleiniger Gesellschafter.

Erläuterung der historischen bzw. Fachbegriffe

Achtern	hinterer Teil des Schiffes
Backbord	linke Schiffsseite, immer von achtern gesehen
Bank	Teil des Schiffsbodens als Querverbinder der Bodenplanken
Bergfahrt	Fahrt des Schiffes stromauf - zu Berg
Beting	senkrechter Balken mit Querlatte oder -balken zum belegen von Tauwerk, z. B. des Mastes
Block	Gehäuse mit einer oder mehreren drehbaren Seilscheiben. Die Seilscheiben konnten nebeneinander oder hintereinander im Gehäuse gelagert sein.
Bloße	dient als Malstab zur Kennzeichnung der linken Fahrwasserseite
Bodenwrange	moderner Fachausdruck im Schiffbau für Bank
Brunne	der unterste, erste Plankengang der Bordwand beim hölzernen Schiff
Bug	Vorderteil des Schiffes
Bundstaken	dient zum Abhalten des Schiffes beim Laden und Löschen vom Schrägufer um Beschädigungen des Schiffes im Kimmbereich zu vermeiden. Beim zu Tal treibenden Kahn in Alleinfahrt wird der Bundstaken zum Schricken verwendet.
Butze	Unterkunft an Bord des Schiffes
Doppelhaken	mittelalterliche Schußwaffe
Ducht	Querverbindung im oberen Teil zwischen den Bordwänden.
Ecke	die bei Flußkrümmungen im Innenradius liegende Flußseite mit geringerer Strömung als in der Grube
Eichen	Das Schiff wird als Messgefäß betrachtet und im Sinne der Eichordnung geeicht, d. h. das Ladevermögen bei verschiedenen Tiefgängen vermessen.
Grube	tiefste Stelle in Flußkrümmungen entgegen der Ecke. Immer im Außenradius der Flußkrümmung gelegen und durch die stärkere Strömung bedingt.
Haupter	streckenkundiger Schiffsführer.
Heger	Geschiebeablagerung im Fluß an strömungsschwachen Stellen (Sand, Kies)
Heck	Hinterteil des Schiffes
Helling	Platz auf der Werft für den Zusammenbau eines Schiffes. Anlage für den Stapellauf eines Schiffes.
Jungfer	flache, runde Holzscheibe mit meist drei Löchern, immer paarweise geschoren, zum Steifsetzen der Wanten

Kaffe	dreieckiges Bauteil am Bug/Heck; verbindet die Bordplanken
Kaffenklotz	Verbindung zwischen Bodenplanken und Kaffenplanken
Kalfatern	Das Abdichten der Plankennähte mit Werg und Pech.
Kammerbüchse	mittelalterliche Schußwaffe
Kajüte	Wohnunterkunft an Bord
Kimm	Übergang vom Schiffsboden in die Bordwand, eckige oder runde Kimm
Knie	Verbindung zwischen Bodenplanken und den Bordplanken; auch Spant
Linkes Ufer	immer von Quelle zur Mündung eines Flusses betrachtet auf der linken Seite.
Lotse	Berater des Schiffsführers bei schwierig befahrbaren Stromstrecken; Inhaber des entsprechenden Patents
Malstock	Bevor die Fahrrinne mit Landbaken gekennzeichnet wurde, benutzte man die Malstöcke zum kennzeichnen der Fahrt. Die linke Fahrwasserseite wurde durch die „Bloßen“, die rechte Fahrwasserseite durch die „Mummen“ gekennzeichnet.
Mummen	Malstöcker mit angebundenen Strohbüschel zur Kennzeichnung der rechten Fahrwasserseite (von „vermummen“)
Pflicht	Deck im Vorschiff. Die Bezeichnung kommt daher das die Besatzung dort die Pflicht erfüllt. Unter Deck kleiner Raum zum Stauen von Bordmaterial.
Rechtes Ufer	immer von Quelle zur Mündung eines Flusses betrachtet die rechte Seite
Remorcueur	Dampfschlepper (frz.)
Repper	Von „reffen“ - es gab je nach verwendeter Aufgabe an der Takelage den Stangenrepper, Segelrepper oder Rahrepper. Ein Repper konnte aus einen oder mehreren Blöcken bestehen.
Rißbord	obere Bordplanke aus Eichenholz
Schale	siehe Brunne
Schanzkleid	Verlängerung der Außenhaut über die Gangbord um ein Überbordgehen von Personen und Gegenständen bzw. um das Überkommen von Wasser zu verhindern.
Schehrstöcke	dienen der seitlichen Führung des Mastes beim Umlegen und Aufstellen, z.B. bei Brücken
Schricken	Bei Alleinfahrt zu Tal lagen ständig an Steuerbord und Backbord, vorn wie achtern, griffbereite Bundstaken um eventuelle Kurskorrekturen vorzunehmen. Das geschah durch Einsetzen des Staken auf den Grund, um das Schiff wieder in den rechten Kurs zu drücken. Dazu wurde der Staken kurz mit

dem „Zippel“, ein am Schanzkleid befestigter Tampen, belegt.

Serpentiner mittelalterliche Schußwaffe

Spant verbindet Bordplanken untereinander bzw Bordplanken mit Boden , im Stahlschiffbau Versteifungselement der Bordwände

Spleißen Ein Tau besteht aus den sogenannten Kardeelen, diese sind wiederum aus einzelnen Garnen gedreht. Beim Spleißen werden aufgedrehte Kardeele in das Tau geflochten und es entsteht eine feste Verbindung. Man unterscheidet Augspleiß, Kurz- und Langspleiß sowie Rückspleiß.

Stand achterliches Deck. Stand des Schiffsführers am Ruder.

Stellen Das Schiff oder Floß wird zum Stillstand gebracht und aufgeankert.

Steuerbord rechte Schiffsseite, immer von hinten gesehen

Steven Bauteil am Bug, nimmt die Bordplanken auf

Stoß Verbindung zweier Planken in Längsrichtung, Bodenstoß bei Bodenplanken, Bordstoß bei Bordplanken

Streck Die Ladebühne im Laderaum.

Tampen kurzes Tau oder das Ende einer Leine.

Talfahrt Fahrt des Schiffes stromab - zu Tal.

Tidegebiet Gebiet am Unterlauf der Elbe, in dem sich die Gezeiten bereits auswirken.

Umhalten Wenden des Schiffes und Ändern der Fahrtrichtung bzw. zum Stellen.

Wahrschau umgangssprachlich beim Schiffer „Achtung – erhöhte Aufmerksamkeit“, von „die Wahrheit schauen“

Wahrschauer Ausguck am Bug, z. B. bei Stromengen, Hafenein- und ausfahrten oder unsichtigem Wetter, an Land ein Signalposten

Wallgang zweite Bordplanke über der Schale

Wallschiene siehe Wallgang

Wanten seitliche Abspannung von Schiffsmasten

Wechsel siehe Stoß

Windlatte Bordplanke zwischen Rießbord und Wallschiene

Vorn vorderer Teil des Schiffes

Ös Stelle im Schiff, an der eingedrungenes Wasser geschöpft oder gepumpt werden kann (Schwitz- bzw. Regenwasser)

Verzeichnis der verwendeten Literatur und Quellen

Arnd, W. u. Bürger, R.	Der Elbstrom, Dresden, 1844
Bartos-Höppner, B.	Elbsaga, Verlag Oetinger, Hamburg, 1985
Bergbauer, J. F. C.	Magdeburg und die umliegende Gegend, Magdeburg, 1801
Buchholz, W.	Zum Schiffs- u. Güterverkehr auf der mittleren Elbe am Ende des 16. Jh., Magdeburger Blätter, Rat des Bezirkes, 1985
Dudszus A. , Köpcke A.	Das große Buch der Schiffstypen, Weltbild Verlag Augsburg
Düsing	Lehrbuch für Elbeschifferfachschulen, 1906
Fröhlich, K.-H.	Serie in Binnenschiffahrt, Betriebszeitung VEB Binnenreederei, Berlin
Friese, K.	Reise in die Romanik, Prisma-Verlag, Leipzig, 1970
Ebeling, E.	Ein Büchlein von der Elbe, Prisma-Verlag, Leipzig, 1959
Gerlach, O.	Elbe Schiffahrtsrecht, Verlag Heinrich, Dresden, 1907
Glade, H.	Elbe, Schiffe und Maschinen, Rat der Stadt Magdeburg, 1958
Gürtler, Dr., Autorenkoll.	Elbschleppdampfer Württemberg Magdeburg, 1988
Harms D.	Schiffe und Meer, Weltbildverlag, Augsburg, 1994
Heise, G.	Binnenschiffseichung, Fachbuchverlag, Leipzig, 1953
Jüngel, K.	Unser Heimatstrom, Schriftenreihe des Museums, Wittenberg, 1984
Jüngel, K.	Die Elbe, Verlag A. Tykve, Böblingen, 1993
Kaulen, P.	150 Jahre Dampfschiffahrt auf der oberen Elbe, Verkehrsmuseum Dresden, 1981
Korth, Dr. J.	Die Schiffbaukunst, Paulische Buchhandlung, Berlin, 1826
Krohn, F.	Schiffstechnik, Transpress Verlag, Berlin, 1967
Krohn, F.	Schiffahrtstechnik, Teil I u. II, Transpress Verlag, Berlin, 1982
Kühnlenz	Wanderung im Saaletal, Weimar, 1963
Lampe, E.	Die Kriegskasse, Verlag Tribüne, Berlin, 1979
Leinung, W. / Müller, F.	Magdeburg im Wandel der Zeit – Geschichts- und Kulturbilder aus dem Werdegang Magde-burgs, Heinrichshofen Magdeburg, 1910
Niemz, G. u. Wachs, R.	Personenschiffahrt auf der Oberelbe, Hinstorff Verlag, Rostock, 1980
Piltz, G.	Magdeburg Stadt am Strom, Sachsenverlag, Dresden, 1954
Uhlemann, H.-J.	Berlin und die märkischen Wasserstraßen, Verlag Verkehrswesen, Berlin, 1987

Uhlemann, H.-J.	Die Elbe, Serie in Binnenschiffahrt, Betriebszeitung VEB Binnenreederei, Berlin, 1987
Uhlemann, H.-J.	Zollwesen auf den Wasserstraßen Anfang des 18. Jh., Betriebszeitung, VEB Binnenreederei, Berlin, 1998
Pohlandt, G.	Zur Geschichte der Schiffahrt und des Schiffbaues in der Mark Brandenburg, Serie in Binnenschiffahrt, Betriebszeitung, VEB Binnenreederei, Berlin, 1987
Reichmann, H.	Magdeburger Schiffahrtswesen, Stadt Magdeburg, 1938
Röding, J.-H.	Allgemeines Wörterbuch der Marine, Böhme, Leipzig, 1798
Tryckarf, T.	Seefahrt, Bechtermünz-Verlag, Augsburg, 1997
Wachs, R.	Die Dampfer der ersten Dampfschiffahrtsgesellschaften auf Elbe und Havel, Hinstorff Verlag, Rostock, 1977
Zesewitz, Düntzsch, Grötschel	Kettenschiffahrt, Verlag Technik, Berlin, 1987
	Amtsblatt der Königlichen Regierung zu Magdeburg, Jahrgang 1866, Magdeburg
	Magdeburgs Schiffahrtswesen IHK - Magdeburg 1935
	Magdeburger Wirtschaftsleben in der Vergangenheit, IHK - Magdeburg, 1928
	Magdeburger Heimatkalender 1932, Faber Verlag, Magdeburg
	Binnenwasserstraßen Verkehrsordnung, Staatsverlag der DDR, Berlin, 1964
	Kaisernummer der Magdeburgischen Zeitung, Juni 1913
	Magdeburgische Zeitung, Sonderzeitschrift zur Vollendung des Mittellandkanals 30.10.1938
	Magdeburg, Magistrat der Stadt Magdeburg, Dari-Verlag, 1927
	100 Jahre Buckau-Wolf, die Geschichte unseres Hauses 1838 bis 1938, Magdeburg
	Deutsche Binnenschiffahrtspolizeiverordnung, Verlag Achtenberg, Berlin, 1948
	Hamburger Schiffahrtskalender, Verlag Freytag u. Bielfeldt, Hamburg, 1941
	Führer auf den Deutschen Schiffahrtsstraßen Lithographisches Institut, Berlin, 1903
	Schiffahrts- und Strompolizei auf der Elbe, Baensch, Magdeburg, 1894
	Schiffahrt und Schiffbau, Bibliographisches Institut, Leipzig, 1982

Sachregister zur Chronologie

Foto- Übersicht

Stiftung Preussische Schlösser und Gärten Berlin-Brandenburg, Aquarellslg. 169	Titelseite
Die Hohenzollern-Legende, Max Maurenbrecher, Verlag Vorwärts, 1907	Seite 5
Instrumentenbuch – Schiffahrt, Herzog Julius von Braunschweig-Lüneburg	Seite 10
Stadtansichten von Magdeburg 1552 Staatliche Museen zu Berlin Kupferstich	Seite 12, 13
Kupferstich Stadtansicht von Magdeburg um 1620 Jan van de Velde	Seite 21
Magdeburger Kultur- und Wirtschaftsleben Nr. 9, Magdeburgs Schiffahrtwesen	Seite 24, 30, 47, 56, 138, 141, 147
Federzeichnung von Jekaterina Jerochina – Verlagsarchiv	Seite 28
100 Jahre Buckau-Wolf 1938, Geschichte unseres Hauses	Seite 49, 51, 52, 53, 55, 59, 60, 67
Amtsblätter der königlichen Regierung zu Magdeburg 1866	Seite 57 links, 74
Hermann Dieck Industrie- und Werbefotografie	Seite 71
Eckbert Busch, Kultur- und Heimatverein Magdeburg	Seite 90, 126, 127, 128, 131, 135-138, Rückseite
Stadtarchiv Magdeburg	Seite 114
Fr. Feige, Magdeburg	Seite 115, 116
Magdeburg, Dari-Verlag Berlin, 1927	Seite 118
Reproduktion Foto Schultz	Seite 132, 133, 154
Otto Zimmermann	Seite 167
Christian Knoll	Seite 177, 179
Jürgen Geyer, Kultur- und Heimatverein Magdeburg, Fotoklub 88	Seite 197, 199
Rudolf Schoeps, Kultur- und Heimatverein Magdeburg, Fotoklub 88	Seite 200, 201, 203, 204, 209, Rückseite
Bärbel Kipka, Kultur- und Heimatverein Magdeburg, Fotoklub 88	Seite 208
Verlagsarchiv Axel Kühling	Seite 202, 205

Alle anderen Fotos und Abbildungen wurden vom Autoren Sylvio Süßenbach zur Verfügung gestellt und zum großen Teil der Sammlung des Traditionskabinetts der ehemaligen Berufsschule „Karl Meseberg" entnommen.

Inhaltsverzeichnis

Im Verlag Delta-D Magdeburg weiterhin erschienen:

„Von der Bastion Hessen zum Universitätsplatz"

Die Geschichte eines Magdeburger Platzes
von Lothar Thiede

Reihe "Magdeburger Geschichte(n)"

ISBN-Nummer:
3 - 935 831 - 01 - 3

500 Jahre Magdeburger Geschichte - erlebbar geschildert am Beispiel des heutigen Universitätsplatz. Der Platz war schon immer ein Drehpunkt in der Stadtgeschichte. Vom Kaiser-Wilhelm-Platz (1895) bis zum heutigen Universitätsplatz erzählen einzigartige Bilder, Grafiken und Stiche anschaulich den Wandel der Stadtgeschichte.

„Ein Gang durchs alte Magdeburg und die größte Festung Preußens" – *Fotoband 1870 / 1890*

Vorgestellt wird der Reprint einer Fotomappe von 1890, die für die Magdeburger Geschichte unersetzbar ist. Einzigartige Fotografien von Häusern und Festungsanlagen aus der Zeit der Stadterweiterung zeigen die Altstadt kurz bevor die Festung fiel. Von der Zitadelle über die Stadttore, einzelne Bastionsteile bis hin zum Breiten Weg präsentiert sich Magdeburg in seiner vergangenen Schönheit.

Reihe "Magdeburger Geschichte(n)"

ISBN-Nummer:
3 - 935 831 - 10 - 2

Krupp-Grusonwerk – 1933 - 1945

Panzer aus Magdeburg

ISBN-Nummer:
3 - 935 831 - 02 - 1

Hier wird ein fast unbekanntes Kapitel aufgeschlagen, welches mit Ursache dafür war, daß Magdeburg zu den am häufigsten ausgewählten Zielen alliierter Bomber wurde. Reich illustriert mit bisher z. T. unveröffentlichtem Bildmaterial, wird hier das Unternehmen bis 1945 vorgestellt, welches zu einer wichtigen Säulen der Aufrüstung wurde. Entwicklung, Produktion und Einsatz der Panzerkampfwagen aus dem Krupp-Grusonwerk Magdeburg werden detailliert beschrieben.

„Unseres Herrgotts Kanzlei"

von Wilhelm Raabe

ISBN-Nummer:
3 - 935 831 - 06 - 4

Eine spannende Magdeburger Erzählung aus den kriegerischen Zeiten der Reformation, in der sich die Stadt Magdeburg als letzte Bastion Luthers gegen die Übermacht der Widersacher behauptete. Magdeburgs mittelalterlichen Einwohner, Straßen und Plätze erwachen zum Leben und vermitteln ein einzigartiges Bild der Alten Stadt während der Belagerung 1550 - 1551.

Braune & Stegelitz

Schiffahrt :: Spedition :: Lagerung

Fernsprecher: Magdeburg Nr. 86 und 1007, Petriförder Nr. 3168
Telegramm-Adresse: Braunstegel. Giro-Konto bei der Reichsbank
Fernsprecher: Hamburg (Abt. Stückgut) Nr. 2502, Lübeck (Abt. Stückgut) Nr. 2036

Umschlag von Massengütern — Elektrische Kräne — Bahnanschluss
Lager unter Zollverschluss — Lombardierung — Assecuranz
Belehnbare Lagerscheine.

Lübeck — Magdeburger Eildampfer-Verkehr

mit Dampfern der Firma Lüders & Stange, Lübeck, nach allen Ostseehäfen via Lübeck
von Magdeburg ab jeden Sonnabend — von Lübeck ab jeden Freitag.

Eilverbindung nach Hamburg dreimal wöchentlich.
Direkter Eildampferverkehr nach Harburg einmal wöchentlich.

C. Stahlkopf :: Magdeburg

Fernsprecher in Magdeburg Nr. 60 — gegründet 1836 — Fernsprecher in Stettin (R. Kühnke) Nr. 113 u. 6138

Eildampferverkehr Magdeburg - Stettin - Ostseehäfen

Einladestelle: Grosser Werder, Zollstrasse 12

Abfahrt der Eildampfer regelmässig wöchentlich zwei mal an jedem Mittwoch und Sonnabend Mittag.
Fahrzeit bis Stettin 3 bis 4, bis Danzig und Königsberg 6 bis 8 Tage.

Billige Durchfrachten
nach Pommern, Mecklenburg, Ost- u. Westpreussen, Posen, Rheinhäfen, sowie ferner nach Dänemark, England, Schweden, Norwegen, Russland, Finnland

Günstige Uebernahmen
in eigener Ausführung bezw. in Speditionsvermittlung auf Grund bester und billigster Vereinbarungen nach und von allen Plätzen der Elbe, Saale, der märk. Wasserstrassen, der Oder, Warthe, Netze und Weichsel

Eigene Eildampfer, Schlepper, Uferanlagen u. Speicher

Elblagerhaus-Aktiengesellschaft

Gegründet 1893 — Aktienkapital 1,262,000 Mk.

Lagerung, Spedition und Schiffahrt

Hauptbetrieb: Elblagerhaus am Elbbahnhof, Fernsprecher 1265 und 1506
Zweigstelle: Alter Packhof — Fernsprecher 1793 u. 2404
Reichsbank-Giro-Konto.

Zweigniederlassung in Hamburg: Hamburg-Magdeburger Eilschiffahrts-Ges. m. b. H.
Fernsprecher Gruppe 4 Nr. 26 und 27
Bankkonto: Deutsche Bank, Postscheckkonto: Hamburg 4959.

Massive, trockene Lagerhäuser mit einem Fassungsvermögen von etwa 700,000 Ztr.

12 hydraulische bezw. elektrische Kräne und Aufzüge.

Mühlenanlage zum Schroten von Getreide u. Hülsenfrüchten, sowie Bearbeiten u. Mischen v. Futtermitteln.

Eigenes Rollfuhrwerk.

Uebernahme von Speditionen nach allen Richtungen.

Regelmässige Stückgutbeförderung
Hamburg - Harburg - Magdeburg
und Zwischenstationen,
mit 5 Eildampfern **„Hamburg I bis 5"**.
Abfahrt von Hamburg u. Magdeburg wöchentl. 3mal
am Dienstag, Donnerstag und Sonnabend.

Vertretung in **Wittenberge:** Hofmann & Römer.
„ „ **Tangermünde:** Robert Steiling.

Fr. Andreae G. m. b. H. Magdeburg

Gegründet 1809.

Schiffahrts- und Speditionsgeschäft

Fernsprecher Nr. 64 und 121
Girokonto: Mitteldeutsche Privatbank, A.-G., Magdeburg.

Massenverkehr zwischen Magdeburg und Hamburg.

Regelmässiger, zweimal wöchentlicher Eildampferverkehr von **Magdeburg** nach **Berlin und Stettin** mit Anschluss nach **Mecklenburg, Schlesien, Pommern, Ost- und Westpreussen und Posen** und vice versa mit Anschluss-Verkehr von den Stationen der Mittelelbe, **Wallwitzhafen, Aken und Tangermünde.**

Sachgemässe Spedition der ein- und ausgehenden Güter durch eigene Ein- und Ausladevorrichtungen Lagerräume und Fuhrpark.

Anlieferung: **Zollstrasse 2.** — Abholung: **Kl. Werder 4-5 u. 6-7.**

Neue Nordd. Fluss-Dampfschifffahrts-Ges. Hamburg

N.N.F.D.G.

Bahnhofsplatz I „Klostertorhof"
Telegramm-Adresse: Flussfahrt
Fernsprecher: Gruppe 8 Nr. 2262—2265
Filiale Berlin NW., Kronprinzenufer 23. Tel. Moabit Nr. 11.

Regelmässiger Schleppverkehr zwischen **Hamburg u. Magdeburg, Wallwitzhafen, Torgau, Berlin** sowie **Zwischenstationen** und der **Oberspree.**

Auskunft üb. Verfrachtungen erteil. die Geschäftsstellen d. Gesellschaft sowie für d. Elbetalverkehr Speditions-Verein Wallwitzhafen, Speditions-Verein Torgau.

Spezialverkehr via Torgau nach und von der Lausitz.

Tägliche Güterannahme an allen Stationen.

Herm. Schulze & Co.

Fernsprecher: 750, 755, 876, 952, 1175. — Bank-Konten: Mitteldeutsche Privatbank, Reichsbank.

Umschlag und Lagerung aller Massengüter.

Getreide-Silo mit pneumat. Saugvorrichtung u. Bodenspeichern für 400,000 Zentner.

Neueste Reinigungs-, Putz- und Trieur-Anlagen. — **Schrotmühle.**
3 Elevatoren, 8 Kräne, 1¼ Kilometer Bahnufer, **hochwasserfreie** Lagerplätze für Holz und Kohle.

Expressdampfer-Verkehr
Jansen & Zimmermann
Hamburg — Magdeburg und umgekehrt.
3mal wöchentlich.
Anlieferung und Abnahme: Holzhof.
Fernsprecher 7171.

Grosshandlung in böhmisch. Braunkohlen, Koken
für Zentralheizungen.
Briketts nur bester Marken.
Eigene Schiffahrt, elektrische und Dampfkräne, moderner Fuhrwerksbetrieb.
Fernsprecher 952, 1175.

Neue Deutsch-Böhmische Elbeschiffahrt, Aktiengesellschaft

Direktion: Dresden-A., Maxstrasse 17

W. Strack, Magdeburg

Zollstr. 3 u. 4 — Zollstr. 3 u. 4

Schiffahrts- und Speditionsgeschäft